书山有路勤为径，优质资源伴你行
注册世纪波学院会员，享精品图书增值服务

好习惯，解决大问题

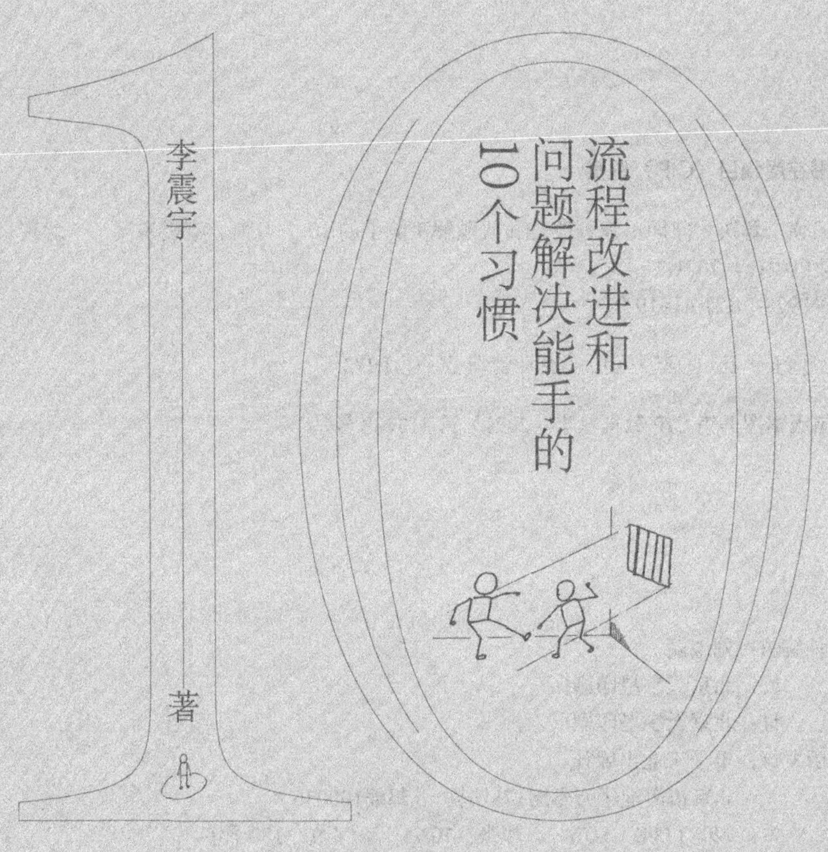

電子工業出版社
Publishing House of Electronics Industry
北京 • BEIJING

未经许可，不得以任何方式复制或抄袭本书之部分或全部内容。
版权所有，侵权必究。

图书在版编目（CIP）数据

好习惯，解决大问题：流程改进和问题解决能手的 10 个习惯 / 李震宇著. —北京：电子工业出版社，2021.7
ISBN 978-7-121-41419-0

Ⅰ. ①好… Ⅱ. ①李… Ⅲ. ①企业管理 Ⅳ. ① F272

中国版本图书馆 CIP 数据核字（2021）第 113288 号

责任编辑：刘淑丽
印　　刷：北京天宇星印刷厂
装　　订：北京天宇星印刷厂
出版发行：电子工业出版社
　　　　　北京市海淀区万寿路173信箱　　邮编100036
开　　本：720×1 000　1/16　　印张：10.75　　字数：182千字
版　　次：2021年7月第1版
印　　次：2023年2月第2次印刷
定　　价：56.00元

凡所购买电子工业出版社图书有缺损问题，请向购买书店调换。若书店售缺，请与本社发行部联系，联系及邮购电话：（010）88254888，88258888。
质量投诉请发邮件至zlts@phei.com.cn，盗版侵权举报请发邮件至dbqq@phei.com.cn。
本书咨询联系方式：（010）88254199，sjb@phei.com.cn。

自序

作为精益教练，我辅导人解决问题和改进流程，经常组织为期大约一周的现场流程改进活动，在速度和效果上，一般都会让人印象深刻。常有人想旁观一下，看看有什么新鲜的概念、方法，而结论常常是："大体都知道，没什么新鲜的"。但当他们亲自参与到这个过程中时，就会发现处处对自己的挑战都很大，做得一点也不轻松。

更多时候，知识、方法不是瓶颈或障碍，瓶颈或障碍往往来自人基本的行为习惯。

这种误解，可能是问题解决及能力提升的一大障碍。有些人以为知道了方法就会提升能力，但实际上，使用方法的人一开口、一做事，就会出现各种各样不妥当的行为。在这种情形下，还想效果好？难！好的效果三分在于工具，七分在于人。方法、工具对使用的人是有要求的，使用它们之前要弄清楚这个人是什么样的人，有什么样的行为习惯。

关于方法与工具，相关的阐述已经太多；而关于人的行为习惯，我们说得还不够。

相比行为习惯，方法显得更"高大上"一些，有实施步骤、有工具。而行为习惯呢，只是一堆琐碎的、大大小小的点。其实在介绍方法时，通常也会多多少少、或明或暗地涉及行为习惯的问题，只是缺乏更为系统的梳理和总结。我从自己的教练、伙伴口中，得到许多有价值的反馈，也常常给被指导者反馈。这其中必然有应传承的、一致的要求和标准，行为习惯也是如此。可是这具体是些什么呢？

这些基本的要求，没有很好地被书面化，传播的速度和准确度其实都不高，大家的理解程度也不高，重视程度也差。相关的文字化总结很少，即便有，和我接收到的、我想传递的也有一定的距离。一些总结虽然看起来也合乎道理，如“要事先做”，可是不够有针对性，似乎对谁、对任何领域都适用。澄清与流程改进及问题解决方法相匹配的行为习惯，期望能在更大的范围内形成共同的理解，从而减少阻力，来更有效地建立相应的行为习惯，提升流程改进和问题解决的能力，这是本书的出发点。

本书对相关行为习惯的总结，不能替代教练实际的辅导，但可以起到一定的提醒作用。即便有教练，本书也可以用来帮助理解相关要求，作为自我督促、自我提醒、提高自我认识的一种方式。对于教练、管理者，本书的内容也可以作为其工作中的参考。

需要澄清一下概念：流程改进和问题解决，两者广义的概念比较接近，狭义上则正好相对。狭义的流程改进，指的是改变和提高标准的活动；而狭义的问题解决，指的是努力维持现有的标准，消除异常，恢复到正常状态。广义的流程改进或问题解决，可包含这两类活动。在本书中，基本采取广义的概念。大体上对“问题解决”的接受程度，要高于专业性更强的“流程改进”。本书保留两个概念，顾及不同读者的接受程度，因为在一些读者的头脑中两者可能是不能相互替代的。

本书面向的领域是流程改进及问题解决。该领域在工作和生活中，影响的广度和深度，要超出大家头脑中的印象。我们对一些规则、流程，总会有抱怨，这些抱怨都会导向流程的问题解决；或者我们对其有更高的期待，这会导向流程改进。这类问题通常需要观察、收集数据，需要分析和对想法进行证实，需要多人合作，持续数日甚至数月。组织中的每个人多少都会参与这类活动。而流程改进的能力，代表了组织的适应能力，对于组织的成功和持续发展极为重要。

这些行为习惯，并不局限于流程改进领域，对于规划、策略类的问题解决也适用。而对于许多工作中的情形，如接手新任务或项目，准备一个汇报等，本书中的大部分内容都适用。

问题解决经验不多的普通组织成员及管理者，需要注意第二章的内容，规避新手雷区，顺利入门；具有相关经验的管理者和从事问题解决、流程改进的专业人员，可以留意菜鸟误区加以规避，成为能手；套路面向专业人员和管理者，帮助他们训练和发展问题解决能手；第五、六章的“看清现实”既是拓展，跳出手头的问题解决来看组织和思考方式，又很实际，因为人人都需要去面对这些问题。

感谢在博世工作的同事，在共事的过程中，他们给了我许多启发和帮助；感谢徐向明先生对稿件提供的修改意见；感谢家人的理解和支持；还要感谢所参考书籍中作者们展示的精彩的实践案例和精辟的见解。

欢迎联系我，分享你流程改进和问题解决的故事、经验，以及你所知道的有趣的、活力四射的组织。

李震宇

Li_zhenyu@hotmail.com

前言

问题解决能手

在不同领域，能手面貌不同，要求也不同。

销售能手、人际关系能手、经营能手、流程改进能手等，不同领域对能手的要求差异很大，这些能手给人的印象差异也很大。

谈吐不凡、口吐莲花、能言善辩的人，未必善于解决问题，相反也是如此。有的能力、素质，对于一个领域很重要，对于另一个领域，却没那么重要。

每个组织都需要流程改进和问题解决能手。

能手能组织团队快速有效地解决问题、实施流程改进，其速度和效果，可以成为该领域成功的典范。这些能手通常具有以下共性：

- ✓ 不轻信他人、重视事实、重视收集信息。
- ✓ 不喜欢讨论空泛的大命题，喜欢立刻动手解决身边的具体问题。
- ✓ 有条理、重效果，能不断地展示阶段性成果。
- ✓ 头脑特别清晰，逻辑性很强，特别善于分析和发现流程的疏漏之处。
- ✓ 标准高甚至有点偏执，在解决问题时显得有些与众不同。

流程改进和问题解决能手其实不见得比他人更聪明，头脑更灵活，他们甚至可能还有点木讷、较真、苛刻。但在流程改进活动中，他们的想法、做法及其效果更好，完成任务的速度更快。

即便是在光鲜亮丽的知名企业中，训练有素的能手也未必常见，可以说是少见。针对流程改进，稍微较真一下，就会发现，即便是有些资历的人，其流程改进的行为习惯仍有许多明显不妥当的地方，甚至存在不少比较低级的问题。到底应该怎样训练、发展能手呢？

能手出击：快速、有效

有人看到训练能手的流程改进活动，在短短一周时间内，就提高了流程改进区域的约10%的指标，很是惊奇。

"怎么做到的？"

"是不是有人给方案？"

"什么？！基本上还是该区域的人做的，那他们之前在干什么？"

"是不是平时偷懒，有空间也不改进，故意等成立项目再做？"

"是不是因为有人盯着看，有压力？"

其实在多数情况下，这些区域的人都认真工作，不会有意地把能做的事情搁置不做，利用时机，来刻意制造“流程改进”。甚至有的区域一直有相应的流程改进活动，还能在一周内产生很大的效果。

“那有什么很特别的方法吗？”

有人要求来旁观一下，然而得出的结论基本是，“没什么新鲜的，都是些我们所知道的常规性的方法！”

的确如此，如果有人以为有什么特别高明的好方法，那么他估计要失望了。

团队基本就是原班人马，方法也似乎没有什么太特别的，怎么会这么快就产生这么大的变化呢？

方法还是行为习惯

从个人角度看，谁也不比谁聪明多少，没有很大的差别。从问题分析的角度看，一个训练有素的人的分析结果，和一个凭个人经验得出的分析结果，质量的差别就相当明显了。而这种个人之间的差别，如果再通过团队合作放大，体现在组织能力上的差别就更大了：一种是流程改进速度慢、效果差的组织，另一种是流程改进速度快、效果好，充满活力的组织。

能手有什么他人不知道的“秘技”吗？

如果你以为能手会说出什么新鲜的理论、技巧，那么你估计要失望了，他们似乎没有多少新鲜的东西。坐而论道，估计能手也会败下阵来，因为这不是能手的强项。

有人喜欢搞些疑难杂症留给能手解决，期望能手能拿出一些灵丹妙药，手到病除，认为这才是本领。这种认识很有问题。能手不会变魔术，也没有灵丹妙药。流程改进和问题解决的障碍，大多不是缺少方法。

简单的问题，对解决过程的质量要求不高，所以看起来没有障碍。稍复杂一点的问题，可能就出现障碍了，如进展缓慢，或者效果不理想。各个步骤的质量差，却期望用某个高招就解决问题，这真是有点异想天开了。

如果障碍是每步的质量差，就严格要求自己。既然不存在什么自己不懂、不知道的高招，那就自己处理吧。

说得容易，做起来难。

如果观察能手，未必有太多的收获。“没什么特别的啊！”“没什么新鲜的！”

如果能被能手观察，估计会有不少的收获，因为自己一开口，说的、做的，不少都与应有的水准有明显的差距，自己却觉察不到，因为自己本身对这些不敏感，所以行为习惯与基本要求冲突都感受不到。

方法对效果有影响，但不大，甚至连能手都未必有多了解六西格玛理论。差距不在于方法，而在于行为习惯。方法知道得再多，都不如当下的行为习惯重要。差的行为习惯，让好的方法、知识难以发挥作用。

例如，讨论时应边写边讨论，不要总是停留在口头讨论。而在现实中，可能几个人讨论半个小时，都没有一个人写下一个字。或者即便写了，也是非常随意地写些意思含糊的语句。

讨论时发现的问题是什么？或者分歧是什么？

都“看不见”。不透明！不清晰！

下一次怎么讨论？复杂问题必然有许多次的讨论，每次讨论的起点是什么？上次的结果是什么？难道每次都靠每个人的记忆回答这些问题吗？

非常基础、简单的要求，在很多情况下，都没有被遵循，这些基础要求看起来倒像是“苛求”了。

人的行为，在很大程度上被为习惯所左右。人都处于习惯的自我导航中。人的反应模式、行为习惯，大体上决定了人会做什么、怎么做，也决定了效果。重视习惯，养成好习惯、规避坏习惯，怎么强调都不过分。

不过，如果认为大家对于什么是好习惯有大体一致的认识，就太乐观了。能手稀缺的一大原因就是好习惯的接受程度低。未经训练、自然养成的习惯，多数不是所提倡的好习惯。好习惯，大多让人感觉别扭！自在、随意，好习惯的特点与这正好相反！

很多好习惯，看起来都很细小琐碎，不足挂齿。若真觉得它们可有可无，无足轻重，那就大错特错了。对号入座、按图索骥，你会发现这些是能手的共同点。

工具、方法、解决方案，这些本身不会为组织带来优势，它们的影响很有限。重点在于人，在于人的思考方式、行为习惯，在于套路背后的思维模式，在于人是如何找到解决方案的，这造成了组织之间的能力差距。

需要注意的是：

- ✓ 流程改进涉及的范围要比印象中大得多，这不只是其他人的特别任务。每个人每天在工作中都会遇到流程相关的改进和问题，都会面对和处理流程改进和问题解决。
- ✓ 相关习惯的适用范围则更大。这些习惯并不局限于流程改进和问题解决领域。工作中的许多情形，不管是总结汇报，还是接受一个新任务或推动项目，抑或是制订规划、制定策略等，这些习惯可以帮助人理清头绪、推动进展。

舒适区外的刻意练习

技能提高可以靠经验自然积累吗？

工作久了自然会比较有经验，知道一些问题如何处理妥当。但如果稍微观察一下这些工作多年的人（其中还有不少是管理者）在问题解决上的表现，就会发现，他们的许多行为习惯与基本的要求都不符合，做事效果差。即便是经过短期训练的人，也很容易发现在这些资历深的同事身上，有许多菜鸟甚至新手的毛病。

相应的行为习惯的建立，需要刻意的练习和训练。没有刻意的练习，就不会快速有效地提高。只是工作经验多，与训练有素可能还有很大的距离，还需要抛开虚荣和面子，认真地审视自己的行为习惯。

人都有随意的天性，随着自己的兴致，想到哪就说到哪。洒脱随意有轻松自在的一面，但对于流程改进没有什么帮助，有的更多的是反面作用。未经刻意练习者，身上体现得更多的是随意性，即便是在认真做事，其方式方法也欠妥。与耗费精力的专注思考相比，人脑更倾向低耗能、快速反应的直觉式思考。但直觉式思考也常会造成先入为主的偏见，误导人做出错误的判断和决定。

要做好事情，能帮助到人，则需要另外几种品质：严格、纪律性和自我驱动。

严格、纪律性，既是刻意练习的基础，也是刻意练习的结果。这不是死板、僵化、束缚、教条。这是一种选择。它犀利，不留情面，戳穿伪装和虚荣；它以对自我的要求为动力，追求高水准。严格和纪律性实现了高水准，而高水准也会继续强化严格和纪律性。

要刻意练习，需要高水准、严要求，需要遵循一定的训练方法，来帮助新手提高技能，才能避免水平参差不齐。

如果认为这种练习是个轻松的过程，那么肯定是小瞧了其中的难度和艰辛。

如果说是折磨，又忽略了投入其中所带来的乐趣。

没有付出，就没有收获。问题解决技能的提升，就和个人成长一样，这可从不意味着吃冰淇淋般的轻松、甜美。这个过程如同跑步，到了一个阶段后心跳加快，难受、痛苦，挣扎着想放弃，但跑完步，就会感到充实和愉悦。

你需要发现自己身上的那件“皇帝的新装”，“戳穿”它。只要坚持务实、单纯、不虚荣，就会有一个又一个自以为是的“新装”被发现。这也绝非轻松的事情，当他人帮助指出这些“新装”时，我们可能还因为觉得被冒犯而愤怒、懊恼。

能手永远在路上。能手不会自以为是、自我满足。他始终保持学习者的状态与好奇心，不断实践，不断调整自己，不断提升和完善标准。

清新的感觉、自由的状态

为什么要成为能手？为什么非要解决某些问题？

也许是因为成功的吸引力。

成为能手，可以有更好的工作效果，这能带来好的业绩，对提高收入、促进发展都有帮助。

对于组织，问题解决能手和快速的问题解决，意味着组织的竞争力强大。

除此之外呢？

被忽略的、少有人谈及的是，解决问题、成为能手所带来的精神上的价值。

通过自己和团队的努力，切实地促成了小的改变。

这种经历，让人相信自己的能力，相信团队合作，相信能产生好的改变；让人更加积极，传递正面的力量；让人少抱怨，厌恶空谈，关注并去做力所能及的小事。

探索并乐在其中。不为他人所左右，不为情感所束缚，不受权威支配，质疑和挑战现实，独立地去探索，快速地实现小的成果，用实践来验证认知。

这种实践，不正在磨炼我们的品格吗？

这种实践让人带着清新的气息，带来积极的力量，带来改变。

这种实践让人感到轻松、自在，知道有可为、有可不为，进退有度，减少烦恼。

对于一个人来说，清新的感觉、自由的状态，可能比收入、职位上的变化所带来的影响更加深远和持久。

这种状态，来自小小的，可能微不足道的体验的累积，带来了行为上、习惯上、意识上的转变，从而对人的生活产生重大的影响。

组织的适应力

未来多变、不可预测。只有高适应力的组织才能面对变化的市场，获得成功，可持续发展。

组织的适应力，不能依托于超人式的英明舵手，这样风险很大，常常伴随着组织的大起大落。

适应能力也不在于工具、方法或对最佳实践的复制。这些容易识别和复制的内容，难以产生竞争力和活力，也改变不了什么。

持续地、小步地“进化”才是最好的保证。可以在进化中学习，因为未来不能预测。

再宏大的主题，都需要在最细小的流程层面上来体现。各层面的流程持续改进，不断地针对内外部的情况进行调整，就能提高组织的竞争力和活力。

训练有素，有着一致的思考方式、行为习惯的能手可以齐心协力，在各流程上，面对内外部情形，考虑愿景，设立目标状态，即便并不全然了解现状、障碍有待识别、没有解决方案，他们也有信心去应对，并推动组织向前发展。

这样的组织充满活力，具有强大的学习和适应能力，能灵活地应对变化，不断发展。

目录

第一章

10 个好习惯

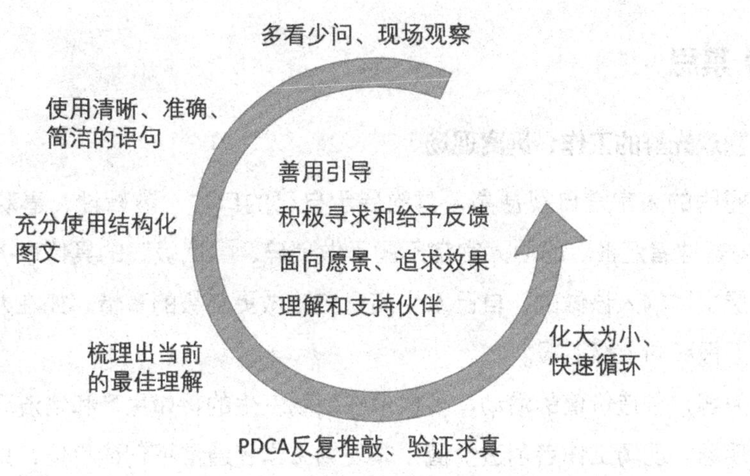

作为能手，可以组织团队快速有效地解决问题、实施流程改进。这些活动速度快，效果突出，能够成为该领域的典范。

如果有人以为能手有他人不知道的好方法、好工具，那么他估计要失望了。其实，能手的优势不在于方法和工具，而在于行为习惯。

流程改进和问题解决能手有10个典型的好习惯。

每个人都有自己的特点，未必需要每个方面都突出。对自己的强项加以利用，知道自己的弱项并规避其影响，就可以成为能手，来帮助团队有效、快速地进行流程改进活动。

多看少问、现场观察

禁忌

喜欢光鲜的工作、远离现场

聪明的人常常自视甚高，喜欢展示自己的口才、逻辑性，喜欢准备精美的PPT向管理者汇报。聪明人常常不屑于做琐碎、“低级”的具体事务，觉得这是“低层次”的人该做的，自己水平高，应该做更高级的事情，如在办公室里听取他人汇报和向上级汇报。

为客户创造价值的活动，多数是在现场发生的，如生产和物流现场、销售和服务现场。现场工作者创造价值；非现场工作者通常不创造价值，只是支持价值创造者的活动。

离现场越远，信息越容易被逐级过滤而简化，甚至产生误导；相反，离现场越近，对信息理解得就越准确、越完整、越真实。这就是为什么要少待在办公室，多待在现场。

现场嘈杂纷乱，远没有办公室舒适，但这里才是问题解决者和流程改进者真正的工作场所。

像记者那样四处“采访”

四处“采访”相关人员，总结和提炼他人的观点。这是问题解决者该做的事吗?

这是记者该做的事。

正相反，问题解决者应避免受他人影响，谨慎使用他人提供的信息，谨慎对待他人的观点和想法。

问题解决者应自己亲自去观察现场、去收集信息。不依赖他人、独立观察和收集信息是对问题解决者最基本的要求。

现场的信息很多，我们所收集到的其实只是一小部分。收集到的信息一旦有偏差，就非常容易产生误导。怎么能轻易使用他人提供的信息呢？何况，一些人在提供二手信息时还存在有顾虑、隐瞒部分事实的问题。

即便是团队成员收集的信息，也需要经过必要的验证，需要亲自花时间去现场观察，看信息是否真实。

美剧里的豪斯医生，就是亲自收集信息的极端例子。他避免和患者见面，也不想听患者陈述，认为这些都会误导自己。他甚至派人像侦探一样潜入患者的住所，收集与病情相关的线索。这虽然有些极端，但也有其道理，让他避免了被失真信息误导。

对采用的他人的结论，自己可以不负责

一旦采用了他人的结论，就表明自己对此是认可和接受的。在受到质疑时，不能以这是他人提供的信息作为撇清关系的借口，把责任推到他人身上。

关键是，怎么判断这些信息是正确合理的。

不能说："因为他十分熟悉这个区域，所以我相信他的结论。"

不经过验证、核实和确认，仅凭"信任"就随意采用他人的结论，这可不是问题解决者该有的行为习惯。

我们常认为某项工作既然他人在负责，自己就不用负责。但是别忘了，我们也应该承担自己的责任。没有判断力、分析力，就不是真正的问题解决者和流程改进者。

结果好就行，现场问题"太琐碎"，不用太关注

有人把结果好看得比流程好更重要。认为只要结果好，就不用去探究具体流程和现场问题了。

抱着这种态度的团队，你会发现他们有这样的"通病"：**指标都不错，去现场看看，却发现到处都是问题。**

- ✓ 现场操作看起来很乱，总是有这样或那样的事情发生，中断操作。
- ✓ 看不出来这个区域的操作标准是什么。
- ✓ 看不出来目前的状态是正常还是异常。
- ✓ 什么状态算是“异常”？出现异常状态后该如何处理？这些操作标准和流程都不清楚。

不关注现场问题和操作标准的团队，不可能有高效的流程，有的只可能是被“好”的指标“粉饰”的差的流程！

在某种程度上，流程好要比指标好更重要。

流程好，可以实现指标好；但指标好，未必是因为流程好：也许是因为运气好，也许是因为牺牲了其他指标。

操作者“清楚”操作标准就行，外人看不明白不要紧

凡是这么想、这么做的区域，估计只要花点时间，就能发现一大堆问题，如半成品放在现场很久了，却没人关注和处理。

异常状态要像光头上的虱子一样显眼，这样自然会引起操作者的注意并采取措施、操作标准自然会得到执行、效果自然会好。这才是好的操作标准！

反之，有没有按标准做、状态是否异常，都不容易被看出来，这样的操作标准是很难被执行的。因为它们是不透明、不清晰的！

操作标准太宽泛！无用

如何做、什么情况下做、做什么，都描述得太含糊不清。

有的操作标准竟然只是粗暴地说明目标，而没有说明如何去做，例如，“确保在1个班次内完成加工。”怎么做到？如果操作者手中有多个相互冲突的加工任务怎么办？

这样的所谓操作标准，是没有用的。在这种情况下，即使操作者完成了任务，也不是按标准去做的，而是根据实际经验处理的，所谓的操作标准没有提供任何帮助。操作标准具体、容易执行，不是为了约束操作者，而是为了帮助操作者，让他们以最简单轻松的方式完成任务。没有起到这个作用的操作标准，都是无用的。

起作用就好，操作标准不清晰无妨

虽然没有写清楚，但操作者能做好就行！

这就是典型的“结果好就行”的逻辑。

如果按照这样的逻辑做事，那么放心吧，流程不会有什么改进！

因为根本就没清晰的操作标准。

清晰的操作标准是流程改进的基础。没有清晰的操作标准，何来流程改进？

操作标准不为操作者考虑

不少操作标准并不能让操作者更轻松、更有效地工作，相反，它们很可能没有起任何作用。制定操作标准的人，没有动一点脑筋，来想办法帮助操作者。相反，他们多半不熟悉实际操作，这些操作标准只是他们坐在办公室里敷衍完成的，没有任何价值。

建议

如果要向他人提问，就只问事实、少问观点

对于有些情况，因为发生的频率太低，不易于直接观察，所以直接询问是合理的。但注意需要收集的是事实，是现实情况，而不是观点。

“上周这种情况出现了几次？”

“出现后你们是如何处理的？”

这类问题，是对事实的收集。

“你觉得问题出在哪里？”

“你觉得该怎么做？”

这类问题少问，即使问了也只能作为参考，不可以把他人的观点当作事实来采用。否则，自己的观察和判断在哪里？自己如何把关呢？

当然，对于简单的问题，可能相关人员就知道原因，也有解决方法。如果这样，问题也早就应该解决了。

自己亲自到现场观察、收集信息

观察是重要的习惯，也是技能。

敏锐的观察力，来自练习。不要怕自己没有观察力，看不出来问题，只要多加练习，你就可以。

不要太相信报告、记录。许多时候，由于一些原因，重要的事实会被掩盖、忽视。我们得到的二手资料，很可能存在重大的偏差。

一定要花时间到现场，亲自观察和收集信息，**少用二手信息**。

有异常情况出现，立即去现场

不要等事后的汇报，要去抓现行。事后的分析和推测通常不够准确，而现场正在发生的情况，更容易暴露问题。

现场工作和汇报

尽可能地在现场进行工作、讨论和汇报。

有疑问，只要走几步就可以观察到真实情况，或者进行必要的询问，非常便捷。一些关乎现场操作的讨论，可以直接在操作区域和操作者来进行，非常便于相互理解。这些优点是在办公室、会议室里工作所不能比的。

有的人不愿意在现场汇报，最主要的是担心现场问题多，担心他人尤其是管理者在这个过程中看到某些不足，觉得自己没有管理好这个操作区域。

这种倾向就是隐藏问题，只希望他人看到光鲜的一面，而隐藏真实的一面中混乱、波动大等问题。

如果他是管理者，那么他做了一个坏的示范：喜欢隐藏问题。

把关注点放在改进流程和解决问题上。现场汇报，提供了一个好机会让大家去理解、提出质疑和建议。不隐藏问题、展示真实的一面，这样才能正确地理解问题和解决问题。

管理者应以身作则，自己在现场汇报，并要求他人也在现场汇报。他应该把这种形式传递给大家，让他人看到这样做的好处和重要性，接受这种形式。

？答疑

现场看不出来问题，怎么办

这是很常见的顾虑：缺乏经验，担心自己看不出来问题；担心自己在下属面前丢脸。

最基本的方法就是练习。“大野耐一圈”是个很实用的练习方式。

大野耐一训练人时，常在地上画一个圈，让人站在里面观察。每过2个小时，他就回来让这个人描述观察到了什么。如果他觉得观察的结果让人不满意，就会斥责对方没有认真观察；如果觉得结果还可以，他老人家就不说什么。

提升观察能力没有什么捷径，“傻傻地”看着一个操作区域练习起来吧！

应该观察什么？怎么观察

这是个好问题。

你想观察什么？实际上你观察到了什么？

尽管我们总说，应该心无成见地观察，但实际上，受限于观察能力，人只能观察到自己能观察到的东西。

这也就是为什么去学习标杆企业通常没用。因为观察的人只能观察到自己能观察到的、自己觉得重要的东西。在这之外的事实，实际上是看不出来的。因为观察者觉得不重要，或者不理解。回来照猫画虎，肯定是学不到精髓的。

我们的眼睛就像摄像机，镜头朝向哪里、焦距对准哪里，都是由有意识或无意识的行为习惯来约束的。我们不能无偏见地观察现实。往往从第一眼起，我们就是带着自己的主观想法、思考习惯以及随之产生的限制去观察的。

我们最应做的事情是，清晰化自己想观察什么，把自己的想法透明化。这既能帮助和指导我们去观察，同时也能让我们的思考习惯和相关的限制透明化，便于自省。

随意地观察，自然会得到一堆发现，但多数可能价值不大，也未必深入。这种随意性会分散精力，使观察缺乏关注点，导致随意、盲目地开展流程改进活动。这正是应该避免的情形！

我们有认知、有理论、有期望，自然会构建一幅理想的、美好的画面。这就是目标状态。

描述这个画面，并检查它。这个画面描述得越清晰明确，越能指导自己到底要去观察什么，描述得越细致，效果越好。要针对具体的目标状态，如生产线每隔多少秒产出一个产品，这样才能做到更细致的观察，有效地发现问题和改进流程，才能大大提高观察和思考的质量！

当我想了解一个区域是怎样运转的时候，我会花上一个小时一声不吭、目不转睛地观察相关人员的操作现场。

- ▢ A 这就是我
- ▢ B 有一点像
- ▢ C 这不是我
- ▢ D 我排斥这么做

使用清晰、准确、简洁的语句

满足于含糊的语句

“这个流程存在‘批量的问题’！”

这是什么意思？批量有什么问题？影响到了什么？

你看，这就是典型的语句含糊不清，让人感觉莫名其妙。

但常见的情形是，几个人都在看着、听着这种含糊不清的语句，却无人质疑。

这是因为对清晰度的要求低，没有建立起苛求清晰的、准确的信息的习惯。

有人会问:“是含糊了点，但这件事情有那么重要吗？是不是小题大做了？”

清晰、准确的描述是问题解决的基本要求。对复杂问题的剖析，是建立在一连串的描述、分析上的，在几个环节上的含糊，似是而非，会导致整体的质量大打折扣。

“怎么就不清楚了？”

“我认为这很清楚！”

没有经过训练的问题解决者，会对连续的质疑感到懊恼乃至愤怒。这是因为他们对自己的标准太低。

接受和传递空白信息

这是比含糊描述更差，却也很常见的情形，就是工具表单上的某些基本信息缺失，完全没有，也能被接受。工具表单是用来使用的，如果连必要的基本信息都没有，那么使用它们能有什么帮助？

例如，一张反映对客户的交付情况的图表，虽然有一堆信息，但是连最基本的交付率都没有，更不用说客户分类或主要客户信息，只有“客户”两个字写在上面，却也被大家相互传递、采用。

这就是因为大家对信息质量的敏感度和要求实在太低。

字斟句酌，就是不落笔

常见的坏习惯还有落笔困难。不少人似乎总想落笔后就不改，或者等所有人都没有异议后再落笔，结果是你看我、我看你，说来说去，就是没人落笔。

难道清晰的语句是不经修改就能直接获得的吗？“没想好”就不下笔是一种好的方法吗？

凡是这么做的团队，你常常会发现他们讨论了半个小时却没有任何书面成果，他们最终清晰化问题或分析了吗？估计什么都没有！

不要怕错，不要怕不完美，不要怕有人不同意。

要赶紧写下来，赶紧修改！

落笔后就不再修改

与落笔难“孪生”的坏习惯是，落笔后就不再修改。不管讨论了多久，写下的内容都没有变化！这种情形真是让人着急。

修改是浪费时间吗？

光说不动笔、讨论无进展，才是浪费时间！

“写得那么清晰会不会浪费时间？”

对于训练有素的人来说，这根本就不需要多少时间！不过对于新手来说，这确实要占用不少时间，能手几分钟就可以完成的清晰化，新手可能一个小时也完不成。然而，除了勤加练习，没有其他选择，想跳过这个过程也不可能。

建议

通过不断修改来提高清晰度

关于书面和口头描述的清晰化，通常的修改过程如下。

甲在白板上写下“批量”，并说：“问题在于批量！”

乙、丙看了，问道：“批量有什么问题？”“你是说批量大吗？”

甲点头，说：“是批量大”，并在批量两字后面补充了个“大”字。

乙、丙看了，还是有些犹豫，问道：“批量大有什么后果？会造成什么影响？这么写还是不怎么清楚啊！”

甲认可，解释说：“这造成了到下一流程的等待时间长，因为要形成一个大批量。”并把白板上的文字修改为“批量大，造成等待时间长”。

乙又看了看，说道：“怎么还是不清楚！什么叫‘大’？什么叫‘长’？”

丙也觉得如此，建议说：“那就写得再具体些！批量大指的是每10件才开始转移，时间长意味着这要占用1个班的时间！”

甲又在白板上修改：“批量大，每10件才转移到下一流程，造成等待时间长，10件耗时约为1个班”。

乙、丙看了说：“好多了，就是有点啰唆！”

甲又在白板上修改：“每10件转移的批量，会造成约1个班的等待时间”。

乙、丙点头道：“不错，看起来清楚多了！”“是的，应尽量避免使用

‘大’‘长’之类的形容词！”

这个描述的前后差异，即便只多了几个字，却也是跨越层级的进步！

这样的讨论有什么特点?

✓ 边说边写。

✓ 越来越清晰。

✓ 修改的频率和速度非常快，几分钟内就改了数次。

✓ 非常轻松！没增加什么工作量，也没花多少时间，就可以通过多次的修改来得到清晰准确的描述。

？答疑

我其实心里都清楚，只是没写清楚而已

可能有时只是没有写清楚，但更多时候，是因为没有想清楚！

要经过多次问询，才能说出来问题到底出在什么地方。这难道只是没有写清楚吗?

写清楚有这么重要吗？这是搞形式！我做实事，不在这上面花时间

问题写不清楚，分析和行动也写不清楚，就不怕浪费大家的时间吗？不怕做了没效果或效果差吗?

写清楚其实并不耗时，尤其是当人已经想清楚时。

最应该避免的是，在本来有时间去清晰化的时候，不去花时间清晰化，问题分析做得马马虎虎，结果花了大家许多时间、精力做了件没有多少效果的事！

在现实中这种情形并不少见。

为什么一定要写？口头表达就不能清晰化吗

动笔实际上是个需要训练才能建立的习惯。多数人都只说不动笔。

一边要记得正在讨论的问题，一边要思考怎么调整，同时还要期望讨论中的几个人都这么做，你觉得容易做到吗?

口头表达的随意性很大，严谨程度低。而且遇到内容复杂、信息量大的情况，若单靠口头表达，对记忆力的要求很高。如果有人能做到像下盲棋那样，棋盘就在头脑中，那估计是能手中的能手了。还是先做个普通人，让有限的“大脑带宽”不要超负荷，简单、轻松、专注地做一件事，而不是几件一起做。

要把语句写下来，看着它、修改它！

自评

对于一段文字描述，我常常是花时间修改多次，从用词到顺序再到标点，力求清晰准确、易懂无误。

▢ A 这就是我

▢ B 有一点像

▢ C 这不是我

▢ D 我排斥这么做

充分使用结构化图文

结构化的图文可以让信息更加清晰、透明、易懂。

充分使用意味着该用则用、能用则用。

禁忌

讨论时只在自己的笔记本上记录

讨论的过程和结论应写给大家看，而不是只写给自己看。

自己知道就行吗？

几个人的理解一样吗？

只是简单的几条信息，如果对比一下每个人的记录，都会发现差异。这是很正常的现象。如果每个人记的东西都一样，反倒是意外：信息传递的准确程度也太高了！

有研究表示，信息在传递中通常只有三分之一被准确传达，三分之一被误解，还有三分之一根本就没有被受众接收到。

随意地假设大家的理解都是一样的，真是太不严谨了。

复杂问题的解决，要依靠事实、分析和结论，如果不展示在大家面前，谁知道大家理解得是不是一样？

不需要大家有一样的理解？

可以看法不一样，但起码应该知道哪里不一样吧？要知道大家对哪部分无异议，对哪部分有不同的理解和意见，否则大家还怎么进行有效讨论？

每个人在自己的笔记本上记，能帮助澄清大家的理解差异吗？难道要对比每个人的笔记吗？

更关键的是，讨论是频繁的信息交流和反馈，不是简单的任务分配，记下就好。在讨论时，可能每个讨论点的状态都会变化，有的被澄清、有的被否定、有的存疑、有的定义下一步的跟进措施。**这些不断变化的状态，在哪里能看到**？是在某个人的笔记本上吗？这样方便、直观吗？

解决完问题，才补写报告

流程改进和问题解决的报告本身就是一种结构化的图文。

常见的坏习惯就是补写报告：在流程改进和问题解决的过程中不写报告，等任务完成了才写报告。把报告当作多余的事情，编造拼凑，勉强完成。

而在补写报告时，就会发现这也不是件轻松的事情，因为你总会发现之前有些地方做得欠妥。

可是为什么不边做边写呢？

这就是因为懒散、随意的习惯。做事情图快、省事儿、轻松，不想严格地按照步骤和结构来解决问题。

也可能是因为自我感觉太良好，觉得自己很懂，不需要报告来“束缚”手脚。

然而在多数情形下，这么做，不会显得自己有水平、很能干，反而会显得太业余，连基本的习惯都没有养成。

习惯用电脑来辅助讨论

用电脑效率就高吗?

如果观察使用电脑的会议，就会发现会上常常是一个人忙着操作，其他人“傻傻地”看着他操作，等着他操作完成。

使用电脑辅助讨论的一大缺点是，一人操作、众人旁观。每个人即使想动手写点什么、改点什么，也不方便。最终导致讨论的**效率低、参与程度差**。

讨论时如果对图文修改的频率很高，用电脑除了省些纸，没有别的优点。例如，要调整一段图文在版面中的位置，或者增减文字，用传统的纸笔可能更简便、灵活、方便众人参与。

虽然有的软件可以供多人在线同时编辑，但是如果每人都抱个电脑来开会，大家是不是都在看同一个页面可能就有疑问了。

有时电脑操作还会分散人的注意力，如果遇到需要调整字体、格式后才能让人看得清楚的情况，就要频繁地扩大或缩小页面来进行展示。而且**屏幕上只能展示讨论的部分内容**，不能把全部内容都放在屏幕上，否则文字太小看不清，这完全不如直接看纸面灵活。更何况电脑偶尔还会冒出个使用问题。使用电脑来辅助讨论的效果其实远没有想象中那么好。

把图文不易懂当作正常情况

图文让人看不懂，不少人还觉得很正常，把让大家都能看懂当作超高要求，让人看不懂倒被视为理所当然了!

“不是还有口头解释吗?”

口头解释当然对他人理解有帮助，但因此就可以放弃易懂的书面呈现吗?

“这是个专业问题，没有专业知识的人肯定看不懂!”

真有这么复杂吗?具备普通知识水平的人，就不能理解了吗?哪个相关的知识点很复杂，一定需要额外的解释?如果一定需要额外解释的话，不能用几句话说清楚吗?

有时，制做图文的人自己就没有搞懂，所以根本顾不上他人能不能懂。

有时，制做图文的人自己明白，但不知道怎样才能让他人也轻松地明白。其实人的理解力都是类似的，图文的结构、步骤、层次都可以帮助人轻松地理解。很多情况是，图文逻辑混乱、步骤不清，罗列一堆数据、图表、分析、结论，让读者自己去琢磨，根本就不能让人轻松地明白。

首先自己要搞清楚内容及各部分之间的关联。只有自己搞明白了，才可能展示得明白。

有个说法是“**真理都是易懂的，凡不好懂的都有问题。**”蒙人的话或兜圈子的话，都是不直接、没逻辑的，所以不易懂。

建议

大家共用一个图文来讨论

对于复杂问题，口头讨论有明显的不足。

大脑一边回忆和整理众多信息，一边思考其中的关联，这样的工作负荷太大。最轻松的方式是，**将信息像一张特别容易理解的画那样展示在他人面前**，他人不用去回忆、整理，只需要去琢磨和质疑其中的内容和关系。这就像弓和弩的区别一样：一边费力拉弓，一边瞄准，不经过长期的专业训练，根本射不准；而弩不一样，拉弦和瞄准分离，只需短期练习，就可以成为好射手。结构化的图文，就是帮助我们把整理和回忆从思考中分离出来，让我们的大脑更轻松地工作。

大家都看着一个图文来讨论，并在讨论中随时对图文进行改动，这样工作效率更高。

尽量使用白板、钉板、挂纸板等工具

最常见的情形是使用白板、钉板、挂纸板来辅助讨论，这样方便改动，因为只要一推敲，就会有大量的图文修改。使用这些工具能够让所有人看到的都是一样的内容，信息的清晰度和准确度就大大提高了。这些工具也能够让所有参与者都动手修改，提高参与程度。

钉板的一大优势是改动更方便，配合纸卡，可以把写下的内容很方便地移动以调整顺序、增加或删除内容。

白板和挂纸板就显得没有那么灵活了。白板比挂纸板修改更方便，而挂纸板可以很容易地增加页面。

拿出上次讨论结束时的图文

持续地修改同一个图文。

上次讨论结束时修改的图文在哪里？拿出来接着讨论。

上面除了过往的分析记录，还应写有上次讨论结束时所遗留的问题、分析或应采取的下一步行动。检查一下现在的状况如何。

通常一个流程改进和问题解决活动会持续数周，钉板可以放到固定的位置，以便工作时继续使用。

图文边讨论边更新

图文最主要的功能不是汇报，而是供成员在内部使用，使用方式也不是在讨论后更新，而是边讨论边更新，讨论结束时图文也就更新好了。不需要多余的文本工作，最多拍张照片发给大家就可以了。

那种为了汇报才修改图文的工作习惯，完全是用错了图文使用方式。不要埋怨更新图文是多余的工作，是使用者的坏习惯把好方法变成了“蹩脚货”。

使用较为固定的图文格式

图文格式应较为固定。

对于固定的图文格式，所有人都知道其中的结构，该有什么样的内容出现在什么图文中的什么位置。这使得相互理解变得更为轻松、容易，人们不用去理解格式，只需要去理解内容。

避免随意地调整结构，这会给理解增加不必要的麻烦。

A3报告是常见的工具之一。有个很简洁的使用方法，只需要把A3报告分成4个部分。

A3报告由丰田的大野耐一首创。他老人家没耐心听人汇报，于是要求汇报人提炼报告，必须在一张A3纸上把汇报内容写明白。A3报告像浓缩咖啡，去除了水分，只保留精华。

A3报告中的分析方法也可能包含明显的图文结构，如鱼骨图的5M1E，就显示了分析的角度和内容。

让他人轻松理解，花精力去提意见

使用结构化图文，便于自己和他人理解。

一种不好的习惯是，展示一堆图表、数据，内容是很多，可是它们之间的联系、顺序，以及发现点、结论在哪里？

这种工作方式，**本身就制造很多麻烦，耗费很多精力**。信息的提供方式有点像丢垃圾，或者像出谜题，里面暗藏断点、谜团，让人去整解思路和线索，把精力全耗费在理解图文上。

合格的图文，应该让人轻松理解，并在理解的基础上，花精力去提问题。即便是对这个问题不熟悉的人，都能轻松看懂图文。这样的讨论，效率才高！

把问题展示得清晰、易懂，需要经过大量练习。既要在大处着眼，如结构、层次等，让人心领神会，又要在细微处留意，如字号、颜色等，让人轻松阅读和理解。

个别人会有这样的想法，就是没想让人看懂，希望他人不要太明白。担心他人越明白，提出的质疑越多。他总是觉得自己是对的，自己的方法是好的，他人什么都不懂，他人的想法是多余的。

真的是这样吗？

不要说专家能提出质量很高的问题，就是非专业人士，也一样能提出很好的意见。连好意见都嫌烦，不想听，这种心态好吗？

遵照 A3 报告的书写要求

在《A3思维：丰田PDCA管理系统的关键要素》一书中，作者总结了A3报告的要素，可以把这些视为对A3报告的书写要求。

✓ 逻辑性：因果联系的清晰和严谨。

✓ 客观性：基于事实和数据，多角度地看待问题。

✓ 结果和流程：展示流程的相关信息，流程与结果之间的关联，针对现状的分析或对方案的设计。

✓ 综合、提炼和图形化：在非常有限的版面上，提供全面、深入、具体的信息和认识。

✓ 相关性：动机与主题、目标、分析、原因、方案、结果之间的关联性。

自学或接受了一些简单指导的新手，很难写出及格水平的A3报告，即便他们可能自认为质量不错。

而只用十分钟或半个小时就能写完的A3，估计等同于废纸：没有思考就没有质量。

最可行的提高方式，就是接受教练的长期指导。

A3报告的质量，就代表流程改进和问题解决的质量，也代表相关人员乃至组织的能力水平，这只是同一件事情的不同体现而已。

？答疑

问题很清晰、很简单，没必要用A3报告

有不少人嘴上说A3报告是个好工具，实际上却说一套，做一套，当自己遇到真实情况时只会说：“这个问题已经很清晰了，几句话就能说清楚，用不着写A3报告！”

不用，实际上就意味着没有接受这种工具，没有养成使用的习惯，而不是所谓的“条件不适合”。

问题真的就这么简单吗?

想知道他人的意见吗？他人根据什么来提供意见，仅仅是根据口头的描述吗?

讨论、深挖，都要基于当前的事实、分析和结论。**可这些在哪里？**在嘴巴里，还是在脑袋里?

这么做，太业余了！

自评

对于一个问题，我会随手拿张纸，手绘个图形，或者用A3报告等工具，把内容的结构层次展示得特别清晰易懂。

- A 这就是我
- B 有一点像
- C 这不是我
- D 我排斥这么做

梳理出当前的最佳理解

最佳理解是相关人员对当前问题最全面、最综合、最深入的认识。

禁忌

没有书面的分析报告

有时，你会惊奇地发现，许多所谓的“老大难”问题，竟然没有一份质量还过得去，能拿得出手的分析报告，有的只是些零散数据和分析。

怪不得缺乏改观！

分析的完整和深入程度代表了问题解决的水平。分析报告的不完整，实际上可以等同于观察、分析和思考的不完整和不深入。

“写书面报告是浪费时间吗？”

写书面报告不会占用多少时间，写的过程，其实是和分析、讨论一起进行的。

而非正式的书面报告，可以就是一张手写稿、一块钉板或其照片。

真正浪费时间的是，工作做了，但质量不高。

随意地讨论

人们通常习惯即兴讨论，随意地表达意见和想法。兴致来了，大谈特谈；谈过就结束，不提任何跟进事宜。

讨论的随意性，容易引起辩论和口舌之争，人们都想在讨论中占上风，把讨论的重点放在炫耀自己很懂、很在行上，而不关注下一步该怎么做。

还有人习惯大谈特谈困难，每次都说车轱辘话，把方方面面都“吐槽”一遍。“吐槽”成了重点，怎么解决问题并取得进展倒似乎不重要了。这样下去，都有点“祥林嫂”的味道了，让人见了就“头皮发麻”。

口头讨论的随意性，与问题解决、流程改进所需的认真、严谨存在一定的冲突。因此不能单纯口头讨论，书面化是必需的。没有书面化的分析，就没有质量合格的流程改进和问题解决。

只有个人理解，没有完整拼图

每个人都会抛出来一些事实、数据、分析来支持自己的观点。每个人似乎都知道些什么、有些什么发现。

那么，有完整全面的总结吗?

每个人似乎都只关心自己的理解，以宣扬自己的观点为目标，至于对他人的想法和依据，以及对问题的最完整的理解，倒没有多少兴趣。

有些人只觉得自己的理解是正确的，或者觉得虽然他人的想法也有可取之处，但不是自己所关心的，如因为职能不同，自己没兴趣去考虑其他职能的工作内容。还有人只愿意宣扬“有利于”自己职能的观点，夸大其他职能的问题，弱化和自己相关的问题。

想要获得完整的理解，很多时候并不容易，主要是因为问题的相关人员可能互不认同，并缺乏讨论的意愿。这就需要大家在一起，梳理出事实、逻辑、结论，乃至当下的分歧，来完整、全面地体现当前的理解。

高估理解的一致性

一个不算复杂的问题解决活动，可能只有几个人参与，可是对于问题到底出在什么地方，采取了什么措施解决问题，大家的理解可能并不一样！

这是因为很多人对理解的清晰程度要求太低！他们总是用一个含糊的总结，去掩盖自己其实并没有清楚理解的事实！

丢了西瓜，捡了芝麻

已经讨论清楚的内容，甚至已经写清楚的内容，都可能被改得含糊不清、抽象、不具体。放弃好的结构，放弃有力的事实及数据，而把内容含糊地表示出来。这种丢了西瓜，捡了芝麻的行为，并不少见。

这样做的人可能想简化内容，担心有的内容不好理解，可是这也太简单了，把有价值的信息都抛弃了！**如果信息对于问题解决是必要的，就应该被展示出来！**

“这些内容我都知道，我可以口头解释！”

这些内容难道这不是基本信息吗？如果是的话，为什么不展示出来？

有的人嫌麻烦，不追求把事实和过程说明白、说完整，而是觉得只要“讲得通”，就可以了。为了还算讲得通，甚至可以把重要的内容扔掉，因为扔掉了这些内容，就不用费力去解释和说明，可以更轻松。这种做事方法，大有蒙混过关的嫌疑！

建议

梳理好已经得到的信息

梳理和进一步的探究正好相反。

梳理不是要知道得更多、更深、更完整，而是把当前做了什么、知道什么完整地展示出来，并不需要花时间做进一步的探究。

所以梳理应该是个相对简单的任务，不需要花费很多时间。

把当前的理解梳理成下一步的基础

这种梳理，与零散的口头或笔头信息梳理相比，是非常大的进步，是层次的不同。

通过梳理形成了下一步的基础，让他人对当前的理解一览无余，可以顺利地进行下一步的分析和讨论。

不用怕错，也不用怕写得差，把当前的理解都清晰地展示出来。从最基本的事实，到已经完成的分析、得到的结论、尝试的方案和效果，都整理好，使用图表或语言文字都可以。

把不同的意见也写出来。因为这种分歧本身也是当前理解的状态，同样需要把它展示出来。

没有对当前理解的梳理，就很容易陷入毫无头绪的混乱。**所以不管问题能否解决，都一定要梳理出当前的最佳理解。**

也许有人看了这个梳理会笑道："就这？这个梳理有明显的漏洞！"

看！这就是梳理最佳理解的作用，它引发了下一步的讨论和行动。

每次探讨，都基于对当前最佳理解的梳理，识别出有待确认的内容，采取下一步行动，然后根据验证和反馈来更新最佳理解。所以每次探讨都能层层深入，做到次次有进展。

利用集体智慧，不"重新发明火"

最佳理解应该是团队的成果，要把团队成员的发现和观点展示出来，可以先不管对错。

通常没有必要独立地从零开始整理自己的最佳理解，因为这很可能需要更多的时间。这样做既浪费时间，又没有有效地进行团队合作。

有时，问题区域的业务负责人会说："要想帮助解决问题，就先来这里待上几个月，把现状了解清楚！"

这一方面有撇清关系的嫌疑，表明自己置身事外，不想参与问题解决。另一方面，又想表明自己更了解现状，要求问题解决者也要了解到一样的程度。

解决问题是团队的任务，不是某个人的任务，团队成员之间要各取所长，而不是以己之长，攻彼之短。**团队中要有业务专家，但不需要人人都是业务专家。**如果有人对问题已经了解很多了，那就先直接采用，不要浪费时间去把他人已经知道的东西重新发掘一遍，耗时无益，要最有效地利用团队成员的知识和经验。

至于确认和验证事实观点，则是下一步的事情了。

不断修改和更新

最佳理解不代表就是对的，这只是当前的理解而已，有些甚至只是假想，或者是未经验证的发现。

我们甚至可以默认最佳理解就是不完整的、不准确的，需要进一步探究。所以不要担心修改多，因为当下的理解就是片面的，就是要去修改的。

这样，大家就会把更新最佳理解当作最自然的事情，而把迟迟没有更新当作意外——出了什么状况？为什么没有修改？难道之前的理解恰巧非常精准吗？

? 答疑

已经很清楚了，不用花时间去梳理了！

既然都很清楚，就意味着相关的信息只需要在非常短的时间内就能梳理好（如一个小时），这并不会占用多少时间。

如果确信可以直接解决问题，也许不需要额外费力气去梳理信息。但是在很多时候，问题并不是看起来那么简单，原因没有那么清晰，不是直接采取措施就可以解决的。梳理当下掌握的信息、分析过程，在多数情形下是必要的、不能跳过的步骤。

自评

在日常工作中介绍任务时，我都会写一份简明清晰的书面总结，把前因后果、现状、下一步计划等相应事宜都交代得清清楚楚，让人看了就懂。

- ▢ A 这就是我
- ▢ B 有一点像
- ▢ C 这不是我
- ▢ D 我排斥这么做

PDCA 反复推敲、验证求真

PDCA是自我调整，通过验证来检验认识，不是理论探讨或辩论。每次验证都是对现有认识的提升。

P计划：明确问题，收集数据和分析结果，找出根本原因或障碍，并制定措施；

D行动：执行；

C检查：有效性的验证；

A应用：标准化，横向展开，总结经验。

禁忌

看什么都好

问题解决者最忌讳的一个状态，就是看什么都好，如对问题解决的过程没有质疑，或者看不出问题，非常容易满足，既满足于自己的成果，又满足于他人的成果。可能有人情上的原因，为了维护自己和他人的面子，也可能确实没有疑问。

更糟的情况是，在他人已经指出了过程中的不足之后，还不以为然，认为没有问题。

多数情况下，**描述含糊、不清晰的问题是普遍存在的**。没有长期地刻意训练，没有投入精力，不可能快速做到信息收集、问题分析的清晰化。所谓的没有问题，大多根本经不起推敲。即便是简单的问题，可能也需要经过几个回合的问答才能澄清，复杂的问题更需要经过多次调整。

等着他人提出问题

出现这种情况的原因是“自己做的分析，自己看不出问题。”

是不是经常觉得自己画的画都很美，自己做的菜都胜过大厨?

其实只要花点精力在检查自己的分析上，总会发现这样或那样的不足，不用担心发现太少。只要认真检查，肯定会发现很多问题。

自己不去琢磨，只是等他人提出问题，这么做有偷懒的嫌疑。这是把检查的责任转移给他人，没有承担自己应有的责任。

随意地跳过步骤

即便是工作多年的人，如果没有经过长时间的刻意练习，也可能时不时地跳过问题解决的步骤，显得很随意、无章法。

最常见的情形是原因还不明确，就开始想解决方法；事实还没搞清楚，就开始分析；方案还没说清楚，就开始行动。结果常常是虽然有些成效，但问题始终没有得到有效解决。

不经过训练的思考，都是很随意的、不严谨的，对过程的要求也不严格，所以很容易满足于含糊的、模棱两可的描述，着急行动起来。

只注重成果不注重学习收获

以长期的眼光来看，有学习收获比有成果更重要，因为成果只是一次性的，而学习收获却能长久地发挥作用。

在流程改进和问题解决的过程中，学习的内容主要有3个层面：一是加深对当前流程和系统的认识；二是加深对方法、工具的认识；三是加深对自己的行为习惯的认识。

对流程和系统的认识，与行为习惯密切相关。认识加深的原因，往往是行为习惯变好了。

通过这3个层面的认识加深和行为习惯调整，就可以培养出问题解决能手，发展灵活、高效、高适应性的团队和组织，建立团队和组织的核心优势。

常见的情形就是，流程改进还算成功，指标有较大的优化，可是当问到参与者从中学到了什么的时候，大家大眼瞪小眼，谁都说不出。

如果管理者把人的能力发展看得很重要的话，肯定不会觉得没有学习收获是可接受的。

这种流程改进或者太粗放、太随便，或者不严谨、不严格。尽管有成果，但带来的学习收获不多。马马虎虎的观察、不清晰的标准，都会被接受。既然做法没有改变，还谈何收获？

也许在过程中存在许多可探讨的收获，但没有很好地回顾和讨论。大家把关注点都放在进展上，没有及时地回顾和讨论收获。

无论出现哪种问题，都是流程改进的明显欠缺。只有成果，没有学习收获的流程改进活动，是一种浪费，浪费了大家利用流程改进活动来学习的好机会。

越成熟的组织，越容易让参与者有学习收获，反倒是不够成熟的组织，会让参与者常常感到没有收获，这是因为组织缺乏关注学习收获的经验。其实只要认真、严格地进行回顾和讨论，即便是在熟悉领域和不断改进中的区域，也一样会有新的发现、新的收获。

所以教练是很重要的。没有教练来帮助组织提高自我觉察能力，参与者就可能丧失很多学习和成长的机会。教练通过观察和提问，理解参与者的想法和做法，帮助其认识到欠妥的地方，找到更有效的做法。

建议

用结果来验证期望

下一步要做什么？你期望从中得到什么？

每次对期望的验证，都是一次PDCA循环。

期望方法的实施能产生效果，就用实际效果来验证；期望收集的数据能说明某个问题，就去看数据是否具备说服力。达到期望，说明之前的假想被证实了；未达到期望，则说明之前的认识不够准确，应该去修正认识，然后再采取下一步的行动，明确期望，进行下一个PDCA循环的验证。

明确期望，这一步很重要。

随意性会导致人们可能不愿去清晰化期望。其实，对于下一步行动，每个人的心里都是有期望的，只是未必经得起推敲。一旦明确期望，人们会立即质疑下一步的行动是否与这个期望相匹配，或者这个期望是否可行，从而进行调整。

验证措施的有效性

措施实施后，需要验证其有效性，进行必要的调整，然后才可以实施。

措施的实际效果，很可能与预期效果不太一致，出现小问题是正常的，这也是为什么快速动手做是重要的，因为我们需要验证之前的认识。之前料到会出现的问题，通常不再是障碍，因为我们已经考虑到对应的方案和措施。影响大的，往往是之前被忽视的、没有挖掘出的障碍，也就是“七成”把握之外的那“三成”风险。这也正常，因为透彻分析需要更多的时间，投入产出比不高；而且即便认真分析了，也会由于当前认识上的不足和现实的复杂性，导致难以预见这些问题。所以，可以在验证阶段观察到底会出现什么问题，这些通常都是比较容易解决的小问题。这些小问题，可以引导我们看清楚什么是新的障碍。

如果在验证中发现大问题，或者方案被证明不可行，就说明之前的分析质量太差，或者之前的认识存在很大的偏差。

对分析内容严格要求，反复推敲、积极质疑

要对分析内容严格要求，不放过任何含糊不清的地方，遵循PDCA的步骤，对各步骤严格把关。

非常容易出现的问题是，把关不够，还自我感觉良好，把含糊不清的分析内容当作清楚的。

真正清楚的分析过程应该特别简单、易懂。让人不容易理解的内容，其中必然有含糊不清、模棱两可的地方。

如何避免上面的问题?

虽然他人的反馈有帮助，但对分析内容负责的不是他人，而是自己，**所以严谨程度更应依赖自我质疑**。要花时间反复推敲，分析内容不要有废话，不要含糊不清、模棱两可，要强烈地相互关联，事实和数据支持要有力。

你见过有人呆呆地看着报告，自言自语许久吗?

这个状态就差不多了!

如同美食家对美食格外挑剔一样，**问题解决者对问题解决的过程也要格外挑剔**，永不满足，只要有时间，就会再改一改，**因为漏洞和不足在他们看来是那么刺眼和丑陋**。

假如自己是这个问题的局外人，那么当听到有人这么介绍分析过程时能听懂、能信服吗?

这样想，你就会发现自己的问题分析可能有许多让人听不明白、难以信服的地方。有的可能只需要添加一些背景知识的介绍，有的可能确实是个不清楚的漏洞，自己没看到只是因为自己身陷其中，觉得理所当然了。

“预测不准导致物料短缺。”

“有道理！”

这样就合理、没问题了吗？

预测是偏多了，还是偏少了？

缺的是哪种物料？

如果预测偏多的物料也短缺，那么还是预测不准的问题吗？

预测的波动幅度多大？设置的安全库存有多少？

貌似合理的结论，其实多数情况下还只是个假设，往往都经不起推敲。

清晰度差、难以令人信服的问题分析，无论如何也不应当被通过。

反复推敲不代表过度分析，只要方向对、大体能成功，就应抓紧时间行动起来。但行动的前提也应是满足基本的要求、经得起基本的推敲，否则，连基本的问题都回答不清楚，怎么行动？

当然，反复推敲也是一种完美主义的倾向，追求清晰化、客观性、关联性、一致性。这也可以理解，在时间允许的情况下当然应尽可能做得更好。

一推敲，通常就会产生大量的疑问，有的需要收集更多数据来证实，有的需要检查数据的合理性，有些需要现场确认，有的需要处理数据，有的需要了解现有流程。

先对自己“下狠手”

积极质疑，首先要对自己“下狠手”，然后再去质疑他人。

如果对自己都做不到积极质疑，怎么能对他人这么做？对自己网开一面，而对他人积极质疑，怎么能让人信服？是否涉嫌故意打击他人？

不怕改动多，就怕没改动

不要舍不得改动，也别怕改得面目全非，最初的分析内容或应对措施，与最终的相比，通常都变化很大。

变化小反倒会让人质疑：怎么会这么巧，这么高效，没走一点弯路？恐怕没有这么好的运气吧！一定是哪里出了问题！是不是根本没有花费精力？会不会质量非常差？

要把当前所有的分析内容、措施都当作临时的，记住写下的都有可能是错误的：或者缺乏相关性；或者只是表面的认识，不够深入。不要把自己之前的总结当个宝，不愿意去改动。要知道它只是个半成品，而不是成品！

有的认识仅从理论上就可以推翻，有的需要收集事实来佐证，有的需要进一步分析，有的需要实验来验证。我们追求的是不断进化的认识，是使正确的认识变得更深入、更精确，并识别出不准确的认识。这关乎问题解决的质量和效果。

对分析内容和细节的质量严格要求，保持追求完美的态度，同时充满好奇心，多观察、多质疑、多推敲，直到得到让自己信服的结果。

要进行尝试性挖掘

观察、理解和分析相关流程，不能期望每次深入挖掘都是有成果的。许多探究的发现就是此处无异常，或者此处与问题无紧要关联，这也是收获。

先确认一个环节肯定有问题，再进行深入探究，这是种奢望和懒惰。期望谁来通知你此处有“雷”呢？如果只需等人通知即可，那么还需要问题解决者做什么呢？

要去收集事实，判断是否需要进一步探究，如发现某处与问题的关联程度低，或者没有异常发现，那么就停止在该处的探究，转移到下一处。

若发现某处与问题有关联，则需要深入探究，进一步去了解流程、操作、指标、异常状态等。

逐步细化而不是一步就澄清完毕

有人喜欢在流程改进的初期就抛出各种复杂情形，希望立刻得到明确的处理方案，如果得不到，就认为流程改进没有可行性。

谈整体，就有人挑战局部细节问题；谈局部细节，就有人挑战其他局部的问题，不在一个频道上，难以交流和讨论。

许多因素是相关的，需要进行整体性考虑。整体性考虑也需要一步步地去做。在没有细化方案之前，无法回答很细节的问题。

可能目标状态中的每个标准都和现实冲突，单独看似乎每个都不能实现，但当几个标准一起改变时，就都有可能实现。

讨论有先后，既要把整体分成局部来讨论，又要拼在一起来讨论整体，这两种方式都需要。只分开谈，或者只一起谈都是不行的。改变是几个相关因素的系统改变，需要通盘考虑，必须花这个时间。一个局部没讨论完就急着讨论另一个，或者假定其他因素不变来讨论每个局部从而否定整体，在顺序和逻辑上都欠考虑。

正确的做法是先总体设计目标状态，再讨论各局部细节，形成细化方案，最后将细节拼在一起，把整体描述得更加清晰，同时考虑关联性，对局部的设计进行调整。

? 答疑

什么？这不是事实，而是观点，还需要验证

多数人面对不断的质疑都会感到有点懊恼：

“怎么不清楚了？”“这就是事实啊！”

这是因为他们心中对清晰的要求太低，把观点和事实混为一谈。

“改进物料供应的方式，提高产线产量。这很清楚啊！”

“你说操作者离岗补料，造成产量损失，你是怎么知道的？”

“我看见了啊!”

“你看见产线停了，是因为操作者离岗补料？”

“那倒没有，我看见他离岗补料了。产线倒是没有停，因为工位上还有些缓冲的库存。”

“那你为什么说，要改进物料供应的方式来提高产量？”

“按道理讲，这是会有影响的！”

“有多大的影响？”

“这不好说。不过根据这两天的观察，似乎影响不大……”

“那你还认为这是目前提高产量的障碍吗？”

“应该不重要吧，不改也可以……”

疑问可不可以一次说清楚，一次改到位

清晰化是分多次进行的，每次都基于当前的最佳理解，也就是书面的梳理

报告。

你是否觉得多次改动有些麻烦，想跳过中间的步骤，一步到位？

期望自己这么做，那对自己的要求也太高了，你能做得到吗？

期望他人这么做，是不是太贪心了？

而且许多内容是相互关联的，一个部分的调整会影响到对其他部分的理解。所以一处的改动是否合理，需要先看整体再做决定。说不定一处的改动会引发对其他部分的调整。哪能脱节地把一处“改到位”，再改下一处？

这些我都懂！我需要学习的是新方法、新工具

经常被提及，而实际上很少发挥作用的，就是新方法、新工具。多数问题的解决，并不是依赖新方法、新工具，通常能够做到有效利用已知的方法、工具就可以了。障碍通常不在于方法和工具。

为什么大家会这么在意新的方法和工具呢？

因为他们看不到内在的差距，尤其是在行为习惯上的差距，或者看见了，但觉得不重要。

如果已经看到行为习惯上的差距，就需要多加练习、实践，而不是反复索求新的方法和工具。

方法、工具容易复制，不能建立竞争优势。只有养成好的行为习惯，才能真正建立起竞争优势。

在解决问题时，我会不断地挑战自己或他人，推敲每个步骤，力求严谨、准确、无疏漏。

- [ ] A 这就是我
- [ ] B 有一点像
- [ ] C 这不是我
- [ ] D 我排斥这么做

化大为小、快速循环

流程改进需要迅速，要每天都有进展、每天都有PDCA循环和收获，需要在两三周内就能完成从计划到实施的循环。

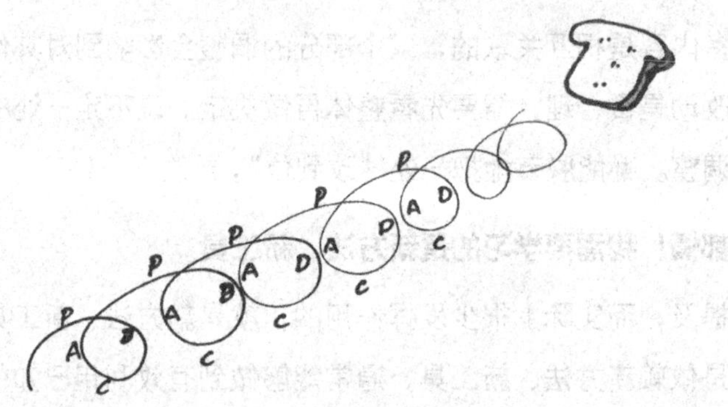

 禁忌

要么不做，要做就做个大的！

索性让问题牵扯更多的部门和流程，期望要么不改，要么一下子全改。这么做，很可能让问题解决得更缓慢，效果也更差。

有人想借东风，一道解决相关问题；有人觉得反正自己也不需要出力，索性把范围扩大些、让问题复杂些。这会让风险变得更大。

立意可大，但**落脚点要小**。大的流程改进，要能细分成阶段性的小流程改进，把期望成果分解成小成果，才可以**迅速完成流程改进，看见最终成果**。

接受慢节奏

一个流程改进讨论了几周，还没有实施！

这会提供一个非常**负面的参考：节奏可以是拖沓的，速度可以是缓慢的**。

不但传递错误的信息，**还打击了团队成员的积极性，消耗了他们的热情**，使流程改进变得冗长乏味。

要快速看到成果！

日日都要有进展！

即便是在计划阶段，没有开始实施，也一样需要快速的进展。知道了哪些原本不清楚的事实，分析得到了什么结论，验证的结果是什么，这些都是成果和进展，非常重要！

建议

把大问题分解

把复杂问题、大问题，分解为数个难度低的问题、小问题，这样就可以一步步取得阶段性的进展，不会长久缺乏进展。

每个小问题，都应该有可交付的成果，能切实地看到对整个问题解决的帮助，而不是简单地把大问题划分成几个时间节点。这样流程改进的循环才够快。

绝不能接受的是，等到整个问题解决完才能开始验证成果，这就太慢、太迟了！

有七成把握就做，不要过度分析

对于流程改进的分析内容和应对措施，总会有各种各样的疑问，总会想再做进一步分析，这很容易导致过度分析，做这些不是很必要的事情，只会延误进展，降低士气。

如果有七成的把握，就可以动手去做了，然后再验证其有效性。

更多的分析，未必有更多的收获；而验证中实际发生的困难，大多不是自己能预料到的。所以，动手做起来很重要。

但这不意味着含糊不清的分析内容和应对措施，也可以先做起来再说。如果是个很简单的流程改进，就更应该很容易地说清楚为什么做、如何分析问题、障碍是什么、应该做成什么样子、如何验证成果。

每天看进展

在两三周之内完成一个流程改进活动。

要做到这点，每天都需要有进展。即便是在计划阶段，也要每天看到进展，当然不是实施的成果，而是分析或方案制订的进展。通常这需要每天至少花1个小时来做相关工作。

每天都应设定明确的预期成果，并与实际成果进行比较。不能连续几天都没有成果更新，或者只是含糊地给几天的工作都设定同样的预期成果。这么粗糙，怎么能确定有没有进展?

本周、今天到底期望得到什么成果? 这应该是很清晰的，而不是含糊的。

“今天的任务是分析。”

分析到何种程度能满足期望? 分析要包括哪些内容，达到什么标准?

要完成它，需要哪些数据，应该怎样处理这些数据?

如果只有含糊的任务，没有想清楚，就会浪费时间，做了之后又要重复工作，或者因为不清楚该怎么做而停滞。当然，这些问题可以逐步清晰化，但也应适时地澄清。停滞最直接的原因是怎么做、需要做到什么程度不清晰，大家对任务的理解处于混沌状态，又没有人不留情面地揭穿这个事实。

两三周完成流程改进活动是快速循环，每天都有进展也是快速循环。实现**快速循环，才能使流程改进活动迅速开展，避免节奏拖沓，提升士气。**

追求快、不图大

也许有人会质疑:“有更大、更重要的问题要先去解决怎么办? ”

你会发现，喜欢谈难题、大问题，很容易导致一种倾向: 没有变化，一直空谈，即便眼前就有许多需要改进的问题。

动作要快，即便目前正在解决的不是首要问题，也不用担心，只要速度快，很快就会面对它。

快也能训练团队，尤其是在面对复杂、难处理的问题时。不是回避难题，如果难题总没进展，也许是因为团队还没有做好准备去面对它，拦路的障碍太大、太多。不少团队每年都在讨论同一个问题，说明它每年都缺乏进展。骨头太大、太难啃，而管理者没有能力把大骨头分成几小段来啃。

与缓慢的进展相比，快速循环，是更高层次的行为习惯。这既是个人的优势，也是团队的优势。

快速循环，每次都会比较预期和实际成果，若有差异就有所收获。多个快速的小循环，比单一的大循环有更多试验和学习的机会，收获也更多、更及时。快速的循环，允许有更多的尝试、犯更多的小错误，所以更灵活。犯了错，可以迅速调整，自我纠偏，这就是团队的适应力。

不过，这绝不意味着可以随意地投入资源，去做优先度低、预期效果差的事情。对于关注的问题和改进点的选择，一样要严格，不能随意。

每次只改进一处

同时改进多处时，到底是哪处起了作用，哪处没有起作用？会不会几处的改进相互影响?

这恐怕很难说清楚。

即便起作用了，在这个改进活动中能提高认识吗?

估计很难!

这种行为，有点“出乱拳”的味道，不管是哪招，起作用就行。这就是随意性行为，只在乎结果，不在乎学习的收获。

最简单的方式，就是每次只改进一处，通过这种方式来确认效果。每次改进活动结束后都去验证行动和成效的关联性。

对因果关联进行探究，要比结果好更重要。许多时候，所谓的流程改进结果，只是大家的关注程度提高了带来的临时效果，很快就会再出现问题。这样的流程改进，都是假改进。

当然，有的时候，单因素实验未必现实，流程是受多个因素影响的，就是需要各个因素一同协调来改进。

及时处理小问题

如果认为只要结果好就行，就会忽视日常流程中出现的小问题，等问题大了才想到去处理。

忽视和掩盖小问题，会让我们无法在问题简单、容易理解的时候做出反应，小步调整。等问题大了再做出反应，很可能问题就变得复杂、困难、难以理解了。

不及时处理小问题，会让相关人员不得不采用“变通”的方式来继续工作，这样流程的稳定和改进就无从谈起了。

小问题，实际上是在帮助我们认清障碍，处理完一个问题之后，新的问题就会让我们看清楚下一个障碍。

集中力量去完成任务

一个疑问或任务，几天后才回复，经过几个往返，一周就过去了，工作难免缺乏进展。

与其力量太分散，多个任务在手，每个都进展缓慢，不如集中于一个问题，快速完成。关注并解决好一个问题，再集中解决下一个，就可以清晰地看到一个个问题的迅速解决。这样效率更高。

集中力量，减少其他任务的干扰，可以加快进程。组织成员集中时间一起工作，也可以提高效率。

有的组织采用“周五改进日”的形式，每周固定一天来开展流程改进活动。

有的组织采用“改进周”的形式，组织相关人员全程参与一整周的流程改进活动，现场观察、实施、验证，有问题马上处理，不等待。

追求简单的形式，但内容要清晰

速度要快，形式可以简化，但内容要清晰。

不需要费力去用电脑写报告，能用钉板、纸卡展示清楚就行。不需要用电脑制作表格，随手画一下就可以。不用着急去购买工具，速度又慢又要花钱，是否有效果还没验证呢！自己动手做个样品先运行起来看看。

新的作业指导，可以是临时手写的，只要清楚、明白就好，先培训和验证起来。

? 答疑

我知道要快，这谁都懂

谁都期望快，但落实后都变成了慢，“需要再分析一下！”“需要再讨论一下！”时间越拖越长。自由度太高，组织得不严格，速度自然就会变慢。流程改进活动就会因为这样那样的困难而陷于停滞状态。

期望快和按快的方式做，是不同的。不只是结果的不同，而是行为习惯上就不同。

期望快，做法却和以前一样，没什么改变，最后就会出现这样那样的问题，导致进展缓慢。

怎么才能真的变快？

为了避免慢节奏，必须做好预防措施：安排好组织成员的时间，设定好节点，保持透明化状态，向管理者及时汇报等。这样就可以把进展状态、困难障碍和所需支持都透明化，让管理者及时知晓并适时调整以避免拖延。

集中一段时间大家一起工作；

集中听取相关方意见，确定下一步行动；

集中一段时间大家一起工作；

集中听取相关方意见，确定下一步行动；

……

如此循环

这样做，实际的工作量未必增加，但集中工作的效率高，集中听取相关方意见又减少了中间的等待和协调环节，循环快速，并且状态透明、质量高、风险低。

对于一个任务，我会促使团队成员不断地展示阶段性小成果。我不接受一两周无明确进展的情况。

- ▢ A 这就是我
- ▢ B 有一点像
- ▢ C 这不是我
- ▢ D 我排斥这么做

善用引导

引导（Moderation）

设计讨论进程并实施来推进讨论，帮助讨论者达到目的和获得期望的结果。

禁忌

接受低效讨论

低效的讨论太多，有效的讨论太少，所以耗时。

- ✓ 讨论中的疑问、发现，没有人写下来，常常是提过就算了。尤其让人厌恶的是，明明有个很珍贵的发现，就是没人把它写下来，即便有人写下来了，也写得不清不楚，让人完全看不懂具体是什么，这简直是一种浪费！
- ✓ 不少人还只习惯于记录在自己的笔记本上。每个人的理解都一致吗？是否大家都清楚当前讨论到哪一步了？能不能非常清晰、及时地把大家讨论的步骤、结论、疑问展示出来，以便大家理解？
- ✓ 讨论中大家七嘴八舌，有时跑题了，有时讨论的顺序和内容不够合理，有时进展太慢。
- ✓ 个别人说得太多，其他人讲得太少。话多不代表价值多，没被说出的话，可能更有价值。
- ✓ 讨论的步骤和安排欠妥。复杂的讨论需要仔细设计步骤和讨论方式等，不是把大家纠集在一起就可以。
- ✓ 自己的观点和会议召集人或他人的不一致，被有意无意地忽视，不被讨论，也没有记录。这很让人恼火，是不是？

建议

自己先成为引导者

一场讨论的引导者应该做的是：

- ✓ 提供方法上的的帮助，如对于主题的讨论内容、步骤、期望产出等进行澄清和设计。

✓ 在讨论中提出一系列问题来引导讨论，倾听并收集讨论结果。

✓ 善于倾听，在讨论中清晰化发言者的逻辑、内容、观点。

✓ 设定讨论的规则并维持讨论的秩序，如鼓励发言、让一个人把话讲完后他人再讲、把讨论主题控制在设定的内容、避免讨论被个别人主导等。

✓ 建立自由讨论、畅所欲言的氛围。

✓ 保持中立，不去评价发言者，除非发言者违反规则。

✓ 控制讨论的时间和进程。

✓ 把讨论过程和结果实时地可视化。

引导者应满足以下要求：

✓ 引导者需要对于讨论的结构、步骤和目标都有清晰的理解。

✓ 引导者对于讨论的清晰度要有高的要求。

✓ 引导者要有很好的掌控现场的能力，包括维持纪律，快速地判断、反应、提问，控制讨论的节奏，关注参与者的情况并做出相应的调整等。

✓ 引导者要善于可视化讨论的结果。

扮演引导者的角色，对于流程改进者和问题解决者来说，是个很好的锻炼。在以上这些方面，引导者应当是团队的表率，才能胜任这个角色。

邀请或指定引导者

成熟的问题解决者在简单的讨论中，并不需要指定引导者，因为大家都遵守规则，也有人时不时地、有意无意地承担起引导者的职责，如鼓励他人表达想法，记录和展示他人的表达，提出疑问，促发大家思考等。

对于缺乏经验的团队，最好指定一个人来担任本次讨论的引导者，引导者不参与讨论，只支持大家讨论。否则人人都是都是随意自由的讨论模式，讨论就可能要进度没进度，要结果没结果，要质量没质量。

日常工作中有许多场合明显应该指定引导者，但是由于管理者不熟悉引导的方式，而未邀请或选定引导者，**导致本可以严肃深入的讨论，变成简单随意的讨论，浪费了机会和时间。**小到问题解决的讨论，大到年度计划的讨论，常见的情形是大家发言不多，有所顾忌，积极性不高，都听管理者讲；或者讨论的结构和内容设计过于简单，缺乏考虑。

对于复杂问题，即便是有经验的团队，也需要指定引导者来对步骤、时间、进程进行管理，避免大家因既讨论又引导而造成失误，而且引导者不能参与讨论，否则不够中立，效果不好。

培养支持型的领导力

引导者的行为习惯应体现出支持型的领导力。

✓ 引导者不参与讨论，也不做决定，同时又很严格，帮助团队提升整个讨论过程的质量；引导者有着高标准，会挑战讨论内容的质量，如关联性、清晰程度、事实依据等，基于讨论内容来引导团队。

✓ 引导者应鼓励他人参与、不评判他人。

✓ 引导者未必有答案，但能够信任并支持团队找到最佳解决方案。

✓ 引导者能够澄清并维护讨论的规则，让讨论高效、有序进行。

引导者可以由团队成员轮流担任，这样每个人都有机会锻炼和提升领导力。

? 答疑

这太麻烦、太复杂了！有必要吗

当然没有必要把简单的事情复杂化。如果用简单的形式就能有效地完成任务，为什么要用复杂的形式?

但是，简单的形式是否真的“有效”？

许多满足于简单形式的人，其实是不知道好和差的区别是什么，而且在被告知和被提醒后仍是如此。这其实很常见，这可不是“傻”，不是智力问题。大家的智力水平都差不多，区别在于对差异的实际体验和敏感程度。

刚出炉的烧饼，外面焦香，内部松软，有浓郁的面香，趁热吃，味道很不错！对于明明有选择，却仍吃剩烧饼还吃得“倍儿香”的人，只能表示“无语”。

浪费好的机会，把本应成果丰硕的活动，搞得平平淡淡、没有收获，还自我感觉良好。这种情形，可不是个例。

讨论太多，是不是浪费时间

常常有人抱怨会议太多，乃至不愿意和人多讨论，觉得小范围内的人做决定就行了。

为什么他们会觉得讨论多？因为这些讨论都没有结果和进展！

几个人讨论半天，什么产出也没有，都是解释、重复的内容，当然浪费时间了。

其实，觉得讨论是浪费时间正是因为无效讨论太多，有效讨论太少！

什么是讨论？讨论是在相互理解的基础上，相互质疑，相互询问。有效的讨论是非常活跃、快速的，是不断清晰、深入的过程，可以不断地产生收获。

如果去观察这些无效的讨论，常常看在眼里，急在心里。许多讨论根本就不是讨论，而是缺乏逻辑、结构和严谨性的随意聊天，或者只是单向的表达，能说的人一直在说，其他人只是在听，根本就没有去收集意见，这真是在浪费时间！

自评

在日常的讨论中，我会积极地充当引导者，来有效地组织讨论活动，我对于无效讨论特别敏感。

- ▢ A 这就是我
- ▢ B 有一点像
- ▢ C 这不是我
- ▢ D 我排斥这么做

积极寻求和给予反馈

反馈

对于发生的事情和他人的表现，提供自己的观察、感受和建议。

每个人的视角、经验不同，通过互相弥补，可以带来很大价值。每个人的建议都很重要，都有独到之处。要信任并鼓励大家表达感受、给予反馈。

禁忌

说套话、装客气

坦率反馈不是我们的自然习惯。

我们的自然习惯是留情面、少讲、让“该讲”的人去讲，如让管理者去点评。如果管理者都觉得好，即便自己有疑问、想法，也觉得没有必要再提出来了。

有了想法也不说，对彼此的工作太将就，团队成员之间太“客气”，不相互坦率，怎么流程改进和提高呢？还谈何效率？

太关注自己、保护自己

有人听了反馈，很自然地把注意力都集中在自己的“不足”上，把意见当作对自己的否定，很容易有情绪，这样，他人可能就不再愿意提供反馈了。

有人虽然没有情绪化的表现，但是也容易使本来还算融洽的关系，在反馈之后变得疏远。除了可能的言辞不当，人都有自我保护的习惯，会下意识地排斥反馈等可能“伤害”自己的活动。在团队没有建立起反馈的习惯时，有时候反馈不但不能拉近人的关系、增加进一步的信任，反而让人疏远、产生隔阂。

只有**相互信任和共同维护规则，才能让坦率反馈成为习惯并保持下来**。问题解决能手首先要积极听取他人的声音，鼓励大家对自己进行反馈，即便有言辞不当的行为，也不要产生情绪化表现。这样就能帮助大家养成反馈的习惯，在经过适当练习之后，就可以自然地相互进行反馈了。

当面和气、背后攻击

常见的坏习惯是，有意见不当面提出，反而和身边的人“开小会”谈，或者在私下议论甚至攻击他人。

这可能只是习惯问题，有了想法就想分享，于是便和身边的人谈论起来。没有养成有了想法，在团队内一起分享、讨论的习惯。如果大家都“开小会”，那么团队会议就没法开了。

也可能他们谈论的内容都是上不了台面的话，只是在贬低、嘲笑他人，没有建设性。

改变这些情况需要**习惯的养成和规则**的建立，**鼓励及时的反馈**，并安排在团队中**公开**进行，尤其是在团队讨论中或讨论即将结束时。

反馈的目的，在于互相帮助，顾虑、担心、不满都可以讲，这样让大家可以多角度地看待问题。但要注意不应进行人身攻击，或者随意地评价他人。

不做好就不汇报

许多人把汇报当作展示成绩的机会，所以任务不完成、不成功就不汇报。

既然是展示成功，就不愿意暴露问题，在问题解决的过程中对团队以外的人保持封闭，也不欢迎“外人”了解进展，更没兴趣寻求各方的意见。

其实汇报也是内部沟通和获得反馈的重要方式，汇报是为了让相关人了解进展，提出意见和建议。比起汇报成绩，汇报过程中的内部沟通和获得反馈的意义更大。

把他人的意见当作负担

“最好他人不要有反馈，一有反馈就要修改、调整，太麻烦了！”

“他人提的意见能忽略就忽略！”

这些人关心“任务”能否按时完成，甚于“任务”完成的效果和质量。

“总是有疑问！改，改，改！难道就不关心进度了吗？”

当然要关心进度，所以更应及时让他人参与并给予反馈，避免大的风险，这才是应该做的事情。而不是掩耳盗铃地蒙混过关，缺乏严格性和纪律性。

觉得自己做得很好，他人的意见都是干扰?

多数情况下，这么想是太高估自己了。

不同人的视角、经验，能提供非常有价值的反馈，完全不是所谓的“干扰”；而进行中的流程改进和问题解决，被发现有不足和疏漏也是很常见的情形。

建议

注意用语

反馈是需要训练的，不经过训练，就不会适当地反馈，很可能出口伤人。所以问题解决能手也要包容他人对自己的反馈中那些不适当的表达，并有技巧地把它翻译成适当的表达，这个过程实际上就是训练。

反馈的基本结构是描述事实，表达感受，给出行动建议。

“你是在浪费时间！”“你这么做没效果！”

听到这样话，很容易有情绪，是因为感到被指责。这些话不是在讲事实，也不是在提建议，而是个人的观点和对他人的评价。

当着大家的面，问题解决能手可以把它翻译成下面这样：

“你是担心问题解决的进度？这我很理解。能不能说具体点，你是觉得哪个步骤没有必要或分析过度？”

“……”

“我现在理解你的想法了！谢谢！”

反馈应是坦率的、直接的、基于事实的，而不是粗暴地给他人下结论。

积极寻求反馈

不管是谁，出发的角度、看到的事实、分析的思路、提出的应对措施，都有局限，即便所谓的能手，也会如此。

自信应该有，但更应该保持谦虚、谨慎的态度，虚心听取他人的反馈、意见。自我感觉太好，会让人迟钝、不敏感。即便自己认真推敲了，不足和疏漏也是必然存在的，当然，不应该犯低级的错误。

在流程改进和问题解决的过程中，让不同背景的人来参与、给予意见非常重要。有了不同角度、不同背景的人的反馈和意见，理解和认识就会更加完整和全面，大大降低风险，提高质量。

相关方的意见重要，因为有切身利害关系。非相关方的人的意见也可能很有价值，如熟悉方法的人可能容易发现一些疏漏，而对事情不了解的人，可能更容易质疑一些想当然的想法。

阶段性汇报

分析完成、应对措施制订完成、实施完成都是重大的节点，通常这些节点，都需要相关方的参与来确认有无疑问、是否可以继续。

合适的方式是组织一个在现场的汇报活动，邀请相关方一起参与，要求团队成员使用A3报告等格式来介绍进展。单独地沟通、收集意见和反馈都比较耗时，集中汇报更有效率。

当然，人越多，想法越多，意见越多，发生冲突的的可能性越大。如果确实有大的问题，那当然应该及时纠正；如果只是小问题，可以考虑是否忽略，或者先并行，继续到下一步。在大体正确的前提下，进展的速度也很重要。

欣赏和感谢

可能不是每个人都能接受坦率反馈，但是多数人都可以。只要明白这不是打击人、否定人，而是出于善意和相互帮助目的的平等沟通，再加上言辞得当，一般人不至于脆弱到听不进去，何况我们还有"批评和自我批评"的传统。

如果团队形成了这样的习惯，团队成员之间会相互感激，因为他们的反馈让自己收获颇多，能在这样的氛围中一起工作，实在是很幸运、很幸福的事情。

？答疑

反馈环节为什么总是感觉别扭

一开始大家感觉怪、有点别扭也是正常的，多加练习就自然了。

只要大家喜欢，对反馈环节的认可多于排斥，就是好的。

不要期望过高，每次比上次有进步就好。

我经常向共事的伙伴询问对活动、对自己的反馈，也会把意见反馈给同伴。我十分重视这个过程，把它当作日常工作中非常重要的环节。

- ▢ A 这就是我
- ▢ B 有一点像
- ▢ C 这不是我
- ▢ D 我排斥这么做

面向愿景、追求效果

现在做的事情有什么作用，产出是什么，什么时候能看到和验证效果?

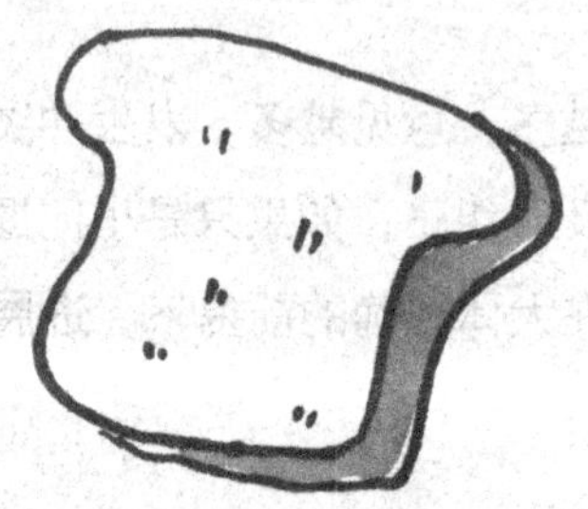

 禁忌

随意和盲目的流程改进

只要注意观察，就会发现许多潜在的改进点，然后列出任务清单，逐个完成，这就是流程改进吗?

这么做，可能真要把人累死，还得不到好的效果。最后发现自己做了一堆不必要、不重要的事情。

重点在于我们应该做什么、需要做什么，而不是可以做什么、能做什么。

什么是目标状态，什么是障碍? 发现目标状态上的障碍，去除障碍，才是应该去做、需要花精力去做的事情。

另外，不能只是目标导向，因为实现目标的方法有很多种，其中很多与流程改进无关，是假的流程改进。

接受假的流程改进

流程改进要有效果。一些行动虽然有好处，但是对该区域没有直接的帮助，所以只能算是“半拉事”。对于追求实效的人来说，这可不能接受，尤其是投入比较大的流程改进活动。

例如，改进了某个操作岗位的操作方法来优化操作，这是一件好事。但真的对这个区域产生帮助了吗?

实际上可能未必。如果瓶颈问题没有解决，那么其他地方的优化，通常不会使整条产线的效率提高。

如果改进到这里就停下来，那么并没有产生实际的好处，只是半拉的流程改进。只有继续改进下去，切实提高该产线的效率，这才算完成一个切实有效的流程改进活动。

不少流程改进都属于这种类型：粗略一看，似乎有好处；仔细一推敲，没有真正的好处。

所谓的“库存优化”，其实就是把一部分库存从物流转给了生产，就成了物流的成绩，但是从整个组织来看，根本就是没有变化；所谓的“提高了效率”，实际上总的人均产出根本就没有改变，只是个假的流程改进，因为并没有解决瓶颈问题。

数字挺好看，背后有故事。有人会有意地只展示片面的事实，编造让自己闪光的故事，缺乏有实效的流程改进，就用“虚”的、不发挥实际作用的假流程改进来装饰自己。

戳穿和拒绝那些貌似有改进，但实际上没有实效的假流程改进。认真、严格、诚实，会让自己更轻松。

如果确实做的是半拉的流程改进，就需要向团队明确，当前的改进没有产生真正的效果，需要进一步改进才能起作用。否则，含糊接受这种所谓的半拉流程改进，很容易造成不务实的工作风气。

喜欢空谈

经常有人喜欢大谈特谈问题的复杂性，把各种困难都罗列一遍，下次又是如此重复一遍。每次讨论都是空谈，似乎就没有想让问题在讨论后能有什么进展。

总有个别人，喜欢讲大而空的话，如“要重视效率”“要因地制宜地开展工作”等。这种话是放在任何时间、任何地点，都无所谓对错的空话、套话，是无用的！因地制宜，只有针对特定问题的讨论才有意义，因什么地，怎么制宜，都要具体！

有不少人喜欢高谈阔论，张口闭口都是国内外形势、行业内外的新闻等。这些要适可而止，多谈无益。不能像一些出租车司机那样，聊起国家大事来口若悬河，滔滔不绝。自己该做什么，需要谁做什么，这才是更现实、更重要的事情。

有句话说得不错：“生活是具体的”。没有针对性的、泛泛的、抽象的讨论，不用去参与，这是浪费时间，只能得到空话和废话。精力要花在帮助具体的人解决具体的问题上，大而空、无用的话不要说。

不说真话

个人不务实，就会形成坏的风气，甚至导致组织长期使用“美化”过的指标。

对客户交付率高、持续的效率提升、库存降低等不少数据都是骗人的，是通过有意地设计计算逻辑、选择适合的算法和数据，才让结果变得好看的。

明明问题很大，各类报告、指标却都显示状态良好。分析、数据、工具，不是为了更完整、真实地反映现实，而是敷衍、蒙骗人。

客户是骗不了的，客户投诉或流失的结果总是掩盖不住的，最终就只有组织内部相互指责、推诿。

有的组织还形成了很“有趣”的行事规则，相互遮掩问题，把“暴露”他人问题的人当作游戏的破坏者。在这样的环境下，很简单的问题常常也说不清楚，因为相关的几个人都不说真话！有数据，不提供；有事实，装作不知道。

维护“关系”，高于追求真相、追求效果。这一旦形成风气，会影响一批人。

健康的伙伴关系和追求真相、追求效果并不冲突。

通常在相互挑错、惩罚错误、强调错误责任的环境下，大家就会隐藏问题、隐藏错误，甚至相互隐藏问题来加强“合作”。

害怕面对现实

不少人并非不自知，只是不愿面对现实。

面对现实，意味着对自己当前行为的挑战，会显露出自己的“差”“不行”，让自己感到很挫败、很丢人，感到有压力，产生焦虑。

这些人把舒服的状态，看得比效果更为重要，所以选择自欺欺人。他们不愿去面对不足，只会重复着自己熟悉的、没有挑战的，但缺乏效果的行为。

改变这个坏习惯要一步一步来，也不需要给自己太大的压力。做点小的改变，并不断重复它，来启动正向循环。当正向循环的力量越来越大时，就会自然地产生更多的变化。

只管任务不管效果

任务清单让人有了借口：

“看！我完成了分配的任务，我的事情结束了！”

“我按流程和职责做了‘该做’的事情，再有问题就和我没有关系了！”

“至于效果如何，这我管不了。”

这是种自我安慰，逃避现实和挑战，选择容易的、轻松的、不承担责任的方式，去“履行”自己的职责。这样做事怎么能保证效果?

把追求效果当作不行动的借口

有人貌似注重效果，没有明确的指标提升就不行动，美其名曰要“追求效果”，其实他们只是把追求效果当作不行动的借口。

一些行动和标准，本身未必直接产生好处，但可以通过行动发现问题，通过标准的建立显示问题，引导持续改进，从而产生好处。

做事情，只要方向是对的、是朝向目标状态的，就应当去做。只要流程改进的方向对，要考虑的就不是“要不要做”，而是“怎么去做”。花时间去辩论要不要做，只是在浪费精力。

建议

只做必须做的流程改进

要追求实效，因为你没有时间和精力可以去浪费。

到底是什么阻碍了目标状态的实现？解决它！

其他的不要花精力去做。

可做可不做的，就不去做！

这种做事的习惯，非常具有挑战性。这种习惯可以督促人远离那些作用不大、但容易做的事情，把关注点放到应该做但不容易做的事情上。事实上，在流程改进中只有少数的、几个重要的关注点值得花精力。

下一步就是面对挑战，迎难而上，集中精力去理解、去探究、去尝试。

描绘愿景来指导行动

为了避免只看结果导致的往复运动，避免缺乏方向、前后矛盾，愿景可以帮助大家对要努力实现的未来，有个比较具体的认识。

可以用简明的图文来描绘愿景。内容应容易理解，并且适当地具体，让人明白所以然。

例如，对于一个要快速响应客户的供应商来说，最主要的流程应实现的最关键特点是什么，参考的指标是什么？

愿景的重要性在于，能指导当下的行动，表明什么是该去做的，什么又是背离目标的。如果没有这样的指导作用，愿景就没有意义。

少辩论，少提观点

观点谁都有，但解决问题只需要很少的观点——分析的结论。

争论观点、图口舌之快，是随意性的体现，对问题解决没有帮助。

不要抱着观点不放。因为自己可能是错的，即便不是错的，强烈的观点也会影响分析和探讨的客观性。当分析结束时，正确的结论自然会产生。

当然，人在做事情时，心中可能有假设，可以先把你的假设放在一旁去评判、去验证，但不必太执着，因为这会影响理性判断。不认真分析，只热衷讨论观点，这都是空谈，有什么意义？

保持诚实，不欺骗、不误导

有些人的做事方式就有点离谱了：故意用片面的信息来误导人，如把对比方案有意搞得差一点，好让自己的方案被通过；或者有意让管理者搞不清楚、弄不明白，提不出意见，好让方案蒙混过关。

这么维护自己的方案，**到底是“方案好”重要，还是“自己的方案好”重要？**

这样做的人，可能是觉得只有自己懂、自己的方案最好，想应付他人，所以希望自己的方案最好快快通过，懒得去解释清楚，也可能是怕越解释暴露的问题越多。

人和人的智力差距很小，一个人不见得比他人聪明多少。难道他人就提不出好的建议吗？不愿意解释清楚的人，可能心里多少都有点忐忑，怕他人看出自己的漏洞。

如果一心想要方案好，就不会在意面子、虚荣心，也不会在意功劳属于谁、是否要多花精力等问题，只要有效果、有帮助，就会去做，就这么简单！

不要虚荣、好面子

不少人拿出方案就是期望被认可、被通过的，而不是来讨论的。一旦听见有人提了意见，就面红耳赤，情绪激动。

这可能是因为他们把方案看作自己的代表，认为方案不被认可，就是自己不被认可，没有面子。这样想的结果就是让自己很累、很有压力。简单地把事情做好就好，干吗去想那么多？如果有人看到自己的疏忽之处，这不是很好的提醒吗？不应该感谢对方吗？

考虑自己太多，把自己的虚荣、面子、好处，优先于问题解决，这么做，很难把问题解决好。

? 答疑

有点效果就行了，效果多了也不现实

似乎这样说也有道理，不过再细询问一下，就会发现，原来计划是几个人花费1周的时间，只将现有的产线、产量提升一两个点！

在多数情形下，这就是在浪费时间！这个流程改进活动还没实施就已经失败了。多数组织的成熟度远没有这么高，问题和改进空间还是比较容易找到的。满足于这么小的改进，对自我的要求太低了！妥协和打折扣太厉害了！

问题在于，相关人员还觉得这是很正常的。难道组织当前的改进空间就这么小？

有改进总是好的

对于自发组织的基层流程改进活动，其目的更多的是训练人，并从中识别出有潜力的管理者。这些流程改进活动，数量多，效果小，但只要有改进，就是好的。

对于投入较大的流程改进活动，这么想就太随意了。

为什么要做这个流程改进？目标状态是什么？是怎么通过分析找到障碍的？

这些基本的问题都含糊不得！不能浪费精力去做可做可不做的事情！

自评

我严格地要求自己、团队、他人展示流程改进的效果，把不追求效果的行为视为自我欺骗。

- A 这就是我
- B 有一点像
- C 这不是我
- D 我排斥这么做

理解和支持伙伴

禁忌

看低他人

把自己看得很重，觉得自己很厉害的人，常常就会看低他人。

实际上，每个人都有自己很擅长、很在行的事情。

有些人觉得操作者不需要动脑，只是机械地重复操作，他们的工作没有一点技术含量。可是你知道在这些所谓的简单重复的工作中，会出现哪些问题吗？这些问题又是如何解决的？

只有距离现场最近的人，才最了解实际情况。距离现场越远，了解的情况越有限。

每个人都是自己最熟悉领域的专家，知道众多他人所不了解的信息，更不要说有太多人专注于自己的领域耕耘多年。看轻他人，很可能是缺乏自知的表现。

制造对手

在组织内，常常出现成员之间相互不信任的情形，部门之间有矛盾，这种问题不能逃避，只能去面对。

不过，最不应该做的是，自己心存芥蒂，把他人推向对立面，这等于给自己制造对手。听到一句话，自己偏要站在对立的角度上去理解。要知道我们面对的是一个具体的人，而不是抽象的"部门""外人"。

要把他人视为伙伴，即便有分歧，大家也有共同的目标，最主要的工作方式是相互支持、配合，而不是排斥、竞争。

习惯施压和批评

不信任他人，认为他人懒惰、不负责任，习惯用压力来推动他人做事情。这会让人失去做事的动力和乐趣。**不仅自己越做越累，他人也做得无趣。**

习惯看到他人的不足，张口就是批评或劝告，这会打击他人的积极性。人都是希望被欣赏、被认可的。正面和肯定的反馈，会带来积极的力量。

忽视身边的工作者

人人都会有好的想法，有些人不提出想法，不是因为他们没有，而是他们知道即使自己提出来，也没人理睬，所以索性不提。人在被打击后自然会消极，不再积极地提出想法了。

实际的操作者，如工人，他们了解很多细节，比工程师更知道发生了什么，比管理者知道的就更多了。最常见的情形就是，管理者不问，也不邀请他们参与流程改进活动；有了成绩、荣誉也不分享给他们。

实际上，对于当前的问题和改进空间，他们了解得更多。各种不方便、困扰、麻烦，他们每天都在经历。只是他们忙于日常工作和完成指标，即使出了问题，由于缺乏支持，也只能自己简单应付一下。

基层大量有价值的信息、工作人员的好想法，往往都被忽视了。这几乎是许多组织的常态。

建议

看到每个人的闪光点和能力

你相信吗？只要将当前组织成员现有的知识、技能进行充分利用，就可以使组织成为标杆企业了！

我们能发现许多问题并实施改进，但不要太高估自己的观察和分析，很可能这些问题早就被组织成员发现了，只是他们没有说，因为他们忙于自己的工作，没有精力或能力来处理这些“额外”的事情；或者即使说了也被人忽视，干脆就不说。

他们很可能不是中高层人员，相反，很可能是最基层、最“不起眼”的直接处理人员、操作者。

如果能有效利用现有的集体智慧、充分发挥“普通”成员的知识、技能，用认真务实的态度合作共事，组织就会非常强大、卓越。

提升组织内部的责任感

不要做他人该做的事情，“帮助”要适度。

非紧急情况下，即便进展慢些，也应让相应的负责人去做自己该做的事情。做了他人的事情，一是自己太累，二是夺走了他人履行职责的成就感和动力。

避免干预太多。每个人有自己工作的节奏、方式及其优缺点，过多地干预，会打乱这些节奏，使他人既没有调整成更佳的状态，也失去了自己原本的节奏，丧失了稳定性和独立性。这会打击他人的信心，是管理上的失误。

要共享荣誉。注意要让现场工作者，以及该区域的流程改进参与者得到应得的荣誉，让他们被大家看见，让团队成为受瞩目的成功样板。要让参与者尽可能多地参与介绍进展和汇报成果的活动。这样，一旦有新的流程改进活动，现场工作者就会积极参与。相反，光环只给个别人，就会直接打击参与者，让人感到被利用。成绩应归于团队，人人共享荣誉。

用快速改进来强化良性的循环。在管理者的关注和支持下，发现的问题，快速得到解决，取得让人满意的效果，团队会很自豪，积极性提高，责任心加强。这样的流程改进不但提高了团队的能力，还提升了参与者的士气，提高了组织的纪律性和责任感。

理解人的能力模式和动机

工作应该高标准，但要理解人的能力模式和动机的差异。

把人看作无差别，报以同样的期望和要求，注定是要落空的，还很可能让本应良好的团队合作充满挫折感。

人有特殊性，表现为不同的个性、动机和行为习惯。

有人喜欢独自把问题想清楚；有人喜欢和他人一起讨论来说清楚。

有人偏重逻辑性和事实；有人偏好人与人之间的沟通和感觉。

有人偏重计划和秩序；有人偏重灵活、随性。

有人关注目标和途径，看重大局，喜欢面对变化；有人更习惯处理按部就班的日常事务，关注细节。

有人擅长从模糊不清的现实和不明确的问题中理出头绪；而有人必须在明确的要求下开始工作。

重视个人成就的人，关心成果可能多于关心参与者，甚至不惜采取正面冲突的方式来解决问题；重视关系的人，可能把和谐融洽的关系看得比成果还重要；重视等级的人，更关心管理者们的想法，对下属倒不是很在意。

《原则》一书把团队成员分为5种类型，分别是创造者、推进者、改进者、执行者和变通者。

创造者提出新想法、新概念。他们喜欢非结构化、抽象的活动，喜欢创新和不走寻常路。

推进者传递这些新想法并推进实施。他们喜欢感觉和人际关系，管理各种人的因素。他们非常善于激发工作热情。

改进者挑战想法。他们分析计划以寻找缺陷，然后以很客观、符合逻辑的方式改进计划。他们喜欢事实和理论，以系统性的方式工作。

执行者确保重要的工作得到执行，目标被实现。他们关注细节和结果。

变通者是以上4种类型的结合。他们能根据特定需求调整自身，并能从各种各样的视角看待问题。

不同类型的人动机不同、志趣不同，对问题解决的投入、期望不同，可承受的压力也不同。不同类型的人，在相互理解时，通常也有些困难，人们都会依据自己的习惯来挑剔他人。

要看到他人和自己的不同，然后根据不同的特点，采用适合的沟通方式并设定适合的期望。

欣赏他人的优点和进步

批评缺点和不足，常常让人失去信心和热情，削弱人的力量。而欣赏和鼓励他人去表现自己擅长的一面，会让他人更有自信，充满力量。

欣赏优点，会强化好的行为习惯；欣赏进步，可以促进持续地改变。这些都可以强化正向的循环，使负面问题越来越少。而关注不足，只会弱化正向的循环，使负面问题越来越多。

当然，不是要不关注不足，而是要鼓励小的进步，让他人在小的进步中学习。

识别出他人的不足，然后轻松、快速地引导其尝试新方式，并快速验证效果。这样就可以形成正面的反馈，让他人在进步中学习和成长。

欣赏和鼓励，不用等到流程改进活动完成再进行。在每个阶段，都有值得欣赏和鼓励的机会。

底线

对于组织内部的关系，不同的组织可能有不同的文化和规则。整体上，我们可以将其视为伙伴关系，组织成员为了共同的目的在一起，共同遵守一定的规则。

既要重视流程改进的效果，又要重视组织内部的关系，在乎他人、尊重他人。

不用太勉强自己，费心思去讨好和迎合他人、迁就他人，这没有必要；也别太放飞自我，这可是一个组织，每个人都应承担自己的责任，扮演好自己的角色，应少给他人添麻烦，多给他人带来帮助。

? 答疑

他人不够投入怎么办

让每个人都像问题解决者一样关注问题，这个要求可能有点高。

许多人被自己的日常事务缠身，没有精力和意愿在你当下关注的问题上花费力气，即便你认为这是个对组织、对他人都重要的问题。被管理者指派参与的人，积极性会高些，但即便是被指派，可能他们手中也有许多其他任务，还是难以投入很多时间。

所以，他人比较被动也是可以理解的。多数人都会认真做好自己的工作，不会有意地制造麻烦，他们更多的是不想自己惹上麻烦，不想浪费时间去做无用的事情。

人们更希望被简单、明确地告知要求，他们不想花精力去动脑琢磨该怎么做。

许多时候难点在于，各项要求的具体化需要一起来澄清。虽然目标大致清晰，但具体使用什么样的数据、需要什么样的产出，还需要对现实情况和目标有较深的理解才可以弄清楚，单独让一方说清楚比较困难。

自评

我会利用流程改进的机会，让大家展示各自的贡献，共享荣誉，让团队成员变得更自信。

- ▢ A 这就是我
- ▢ B 有一点像
- ▢ C 这不是我
- ▢ D 我排斥这么做

综合测评

下面各项与你的相似程度如何？在下面对应的圆点处标出来，并将它们连接成折线。

	相反	不像	有点像	非常像
多看少问，现场观察	·	·	·	·
使用清晰、准确、简洁的语句	·	·	·	·
充分使用结构化图文	·	·	·	·
梳理出当前的最佳理解	·	·	·	·
PDCA反复推敲、验证求真	·	·	·	·
化大为小、快速循环	·	·	·	·
善用引导	·	·	·	·
积极寻求和给予反馈	·	·	·	·
面向愿景、追求效果	·	·	·	·
理解和支持伙伴	·	·	·	·

对于这个折线，你想做的调整是什么？

第二章

坏习惯之新手雷区

光知道好习惯还不够，因为很可能在不知不觉中已经养成了一些坏习惯。所以一定要知道哪些是坏习惯，在建立好习惯的同时，始终提醒自己去辨别和远离这些坏习惯。

雷区里的坏习惯，不一定只存在于没有工作经验的新手身上，其中的一些也常见于资深人员及管理者。

这些坏习惯，让人回避自己该承担的责任，把责任推卸给他人，自己不投入到问题解决活动中。有任何一个这样的坏习惯，都很难成为问题解决的入门者。

规避这些坏习惯，是对想入门的新手最基本的要求。

图省事、做事不到位

禁忌

图省事、做事不到位

一个报表，新手三下五除二，很快就搞好了。他可能还自以为很聪明，觉得什么都是“小case”，简单动动手就能做好。

可是稍微检查下，就会发现有非常多需要调整的地方。

表中的字体粗细、字号大小都很随意。这些元素的差异，都应有其背后的意义，否则就是误导和干扰，当他人看到这些随意的差异时会联想些什么呢?

整个表格上下左右的结构是什么逻辑?

表中的文字简洁、精确吗? 有本可以删掉的多余文字吗?

如何让看表的人好理解、省时间?

新手完全低估了把事情做好所应花费的力气，什么事情都处理得不到位，虽然有经验不足的影响，但更大的原因是不够上心，标准太低。

图自己省事、不愿意花力气，就难以达到基本的质量水准，给他人添麻烦，很可能每件事情都需要有人再花不少时间去调整和收尾，这样怎么能帮助他人和解决问题呢?

他人提了建议，才简单修改一下

对自己该做的事情不花心思，依赖他人提出的建议来修改。他人不提，自己就默认不用改；他人提了建议，就简单修改一下交差；所有的建议都被打折处理，自己却不花心思在上面。

在这种工作方式下，无论如何也不会产生高质量的结果，自己也不会有能力的提升。

这实际上是把自己该做的事情，转移给了他人，麻烦他人去考虑、去做自己该考虑、该做的事情，拖累他人。

建议

不要任务一完成就立即回复

完成任务之后，不要急着回复。尤其是当发现自己的成果，与客户的期望有较大差距时，这说明你自己心中的标准低于应达到的标准。

将任务在自己手里多留一段时间，多检查一下，参考一下之前他人的反馈。也许自己就能发现不足之处，并抓紧时间修改它。花费更多的时间和心思来完成任务，效果自然就会好一些。

? 答疑

在小事上花费力气没有价值

不少新手是脑筋活络的“聪明人”，他们自视甚高，认为自己几下就能做好事情，也不愿意花力气在报表、文字等“没价值的”小事上，还对他人的反馈不以为然。而“笨人”通常头脑简单、认真做事，也把他人的反馈当回事儿。

完成简单的小事，是做好复杂事情的基础，难道小事做得问题百出，复杂的事情就能处理好了？准确、简洁、清晰、便捷，这些都是基础，如结构化图文，没有这些基础的练习，就很难完成一个质量尚可的问题解决。

做好一件小事未必需要花多少时间，尤其是对于训练有素的人来说，但新手可能需要花费较多时间，就权当练习吧。这种练习确实比较耗时，需要反复修改才能达到合格的质量水平。

以差为好、自信满满

新手常常不能意识到自己的不足，相反，还觉得自己很不错。

 禁忌

自信心爆表、无知无畏

好的或差的分析摆在面前，新手常常既看不出好的好在哪里，又看不出差的差在哪。这种无差别对待，常常让新手自我感觉良好，自信心爆表。

一个自认为写A3报告能手的新手，实际上可能连造句的基本功还没有过关，就以为自己是写报告能手了。

“这已经很好、很清楚了！”

只看句子，就能看出一堆明显的基本问题：用词不够准确、有明显多余的词汇（废话）、语句不简洁。这些问题新手自己却看不见，他们自我感觉良好，自视甚高。再看看整体，前后的关系和逻辑都对不上，他们竟然还觉得不错？

感觉迟钝

导致新手们一直不改变习惯的一个原因可能是，他们对好坏的差别不敏感，好坏对于他们来说差别不大。

敏感的人，会惊讶于质量差的问题分析，也会惊叹于严谨、高质量的分析。

而迟钝的人会认为两者差别似乎也不大，即使有人指出了差异，他们可能也觉得只是略有区别而已。

这种敏感，和美食家对美食的挑剔一样，不能靠告知，不能靠教授，也不能靠学习，是种自我的觉察。

敏感度不同造成的结果，是非常明显的质量差别，体现的是问题解决者乃至组织的成熟度差异。

建议

保持好奇心

把流程改进和问题解决当作任务甚至负担，希望能越早卸下越好，这种心态可能让人的敏感程度降低，对好坏的差异感知变得迟钝，因为你的关注点已经不在这里了。

而好奇心，会让人关注当下。

好奇心，引导人去发现问题，并且去尝试、探索、坚持，人就自然不会满足于似是而非、模棱两可、含糊其词，不会敷衍和将就。好奇心可以帮助我们意识到好坏的巨大差异。

像侦探或者猎犬那样，对于蛛丝马迹十分警觉，为每个进展而兴奋。做事的本身，就足以让人投入并感到满足，无暇顾及有没有鲜花和掌声。

去体贴和尊重他人

一个人如果希望他人能轻松理解自己的分析结果，怕给他人添麻烦、怕浪费他人的时间、怕给他人造成理解上的困扰，就会琢磨如何把问题分析展示得清晰、明白、易理解、简洁。

担心他人看不清，就会注意字体大小；为了让他人一下看明白，就会用到加粗、下划线、特殊颜色、段落标记等方法。

越是质疑和推敲，越能发现不足乃至漏洞来迅速调整，就会让逻辑越严谨、事实支持越有力、分析结果越清晰易懂。越是在意这些的人，越不能容忍粗制滥造、未经思考、没有质量保证的劣作。

? 答疑

我看不出好在哪

新手看不出好坏的差异，这种情况其实很常见，因为辨别好坏的能力也是需要训练的。

最怕的是，不仅缺乏辨别能力，还不以为然、不当回事儿。

到底是他人小题大做，还是自己缺乏辨别能力?

可以看看在这方面比较出色的人的反应。如果他们在意某种差异，就说明这是重要的，自己应细心体会。认识到自己辨别能力的不足，保持谦虚和学习的心态，自然就会好起来。

热衷于抛出困难、否定建议

禁忌

不停地抛出困难

很多新手会不停地抛出完成任务的困难，他们的口头禅就是“请告诉我怎么解决！”

任务还没什么进展，谈困难和要求支持就耗掉他人不少精力。

这并不意味着有了困难就应该自己硬扛。重点是，面对困难，自己都做了哪些尝试和努力。坏的习惯就是，自己的努力和尝试特别少，一旦有了困难就简单地抛出来给他人，这不是在给他人制造负担吗?

有了这种坏习惯，还很容易迁怒于他人，觉得他人没有帮助自己。这可是又懒又贪心的想法。

专注于否定他人的建议

这个坏习惯很常见，不管是新手还是资深人员，都可能有这个坏习惯。

自己几乎不思考和观察，只会迅速否定他人提出的建议。对于他人提出的建议，也需要花费时间思考，习惯性否定他人建议的人，连思考的时间也不花，把时间都用在否定他人的建议上。

对于这种习惯的一种解读是，他们可能觉得他人，甚至包括自己的想法都没有价值和作用，觉得大家都做不成事情。他们看不到、也欣赏不了每个人身上的闪光点和可取之处。再加上对他人不断地否定，也强化和印证了他们的这种看法。

负面解读、快速否定

任何一个建议，都需要琢磨和尝试后才知道是否可行。然后再考虑对这个建议进行改良和完善，就会衍生出新的建议，产生更多的可能，这都是需要时间来推敲的。新手似乎不需要这么多时间，听到建议后就立即否定，连几分钟的思考时间都不需要。他们根本不花心思对建议进行调整，更不用说琢磨其衍生出来的新建议，当然很快就会否定。

新手喜欢只从最不利的角度来解读他人的建议，如抛出最异常的情况，或者最棘手的状况来质疑其可行性；又或者在初步方案阶段，就要求他人解答后期的细节问题，要知道方案的细化还没有开始呢！

认为他人欠自己方案

奇怪的是，新手似乎把否定方案当作自己的职责，把提出方案当作他人的事情。许多时候新手自己就是该任务的负责方，却摆出一副他人的建议都不好，他人欠自己一个方案的样子。要知道，管理者都未必有提建议的义务，把事情做好是自己的职责，有人提建议那是帮助，要心怀感激，不要觉得他人都亏欠自己。

认为他人亏欠自己，这是一种责任转移。

负责任的人应该是自己，自己应该花时间去观察、去研究、去尝试，而不是指望他人完成这些事。

自己观察、研究、尝试的精力花得太少，把精力用错了地方，热衷于像审查官那样，审查他人的想法和建议。殊不知审查官只有判断想法通不通过的职责，不去思考如何修改和调整建议，使其变得更可行。

可以向他人索取建议，但自己要花费比听建议多得多的时间去琢磨和调整这些建议，而不是用更短的时间，去否定这个建议。

不停地提出困难，然后又否定他人的建议，这实际上是对他人的干扰和负担，让他人去做本该自己做的事情，没有承担起自己的责任。

建议

多想少讲

如果自己得到的反馈是讲得困难太多，可以考虑在下次提出困难之前，把思考怎么解决困难的时间延长一倍。

想想之前提出的困难是怎么解决的，有多少方法实际上是自己考虑一下就能想到的，自己之前考虑时疏忽了哪些方面。

对于他人的建议，尽量避免直接否定，自己先多考虑一下，参考其方向进行调整。在多数情况下，他人的建议是对自己的帮助，不是义务和责任。除非对方有意愿进行深入探讨，否则不应为此占用对方太多的时间。他人愿意花时间帮助自己，即便是自己的上级，也应表示谢意。

答疑

自己去琢磨？这很累啊

把自己琢磨当作正常的事，就不会感到有什么特别了。

其实这只是承担自己该承担的责任，不是去做多余的、额外的事情。如果自己之前没有这么做过，那么很可能是把自己的责任，转移给了他人，麻烦他人做。

承担责任，就是成长的一种体现。自己能力越强，承担得就越多，而不是越少。想得到很多，却不愿意承担责任，这是贪心和懒惰的表现。

习惯抱怨、回避责任

这个问题似乎在初入职场的新手身上较为明显，在工作氛围比较轻松的组织中容易出现。

 禁忌

对自己的要求很低

从压抑自己的情绪到自由地表达感受，这是种进步。但组织不是家庭，大家聚在一起目的不是或不只是为了开心，更是为了完成特定的任务。每个人都有自己的责任和角色，能多支持和帮助他人最好，做不到的话，至少要做到不给他人添麻烦。

时刻以自我为中心，把自己的心情当作头等大事，对自己没要求，却时刻在抱怨他人。

自己的贡献有多少？对他人的支持和帮助有多少？

纪律、责任、严格的工作标准在哪里？

只管完成任务，不管效果

完成任务要有效果。不追求实效的一个表现是，只管完成任务，至于有没有效果，产生什么贡献，就觉得和自己没关系了。

所以做任务常常成为自我安慰、回避责任的借口，把完成任务当作职责。其实做任务只是履行职责的形式而已，重要的是效果，而不是任务，这是纪律。只管完成任务不管效果，是不负责任的行为，这当然既轻松又随意。

把自己当作受害者

回避自己的责任，常常把责任转移给他人，让他人为自己的“不开心”负责：同事不行、领导不行、组织不行。越这么做，越觉得自己是个受害者，被周边人所羁绊，怨气十足。却绝口不提自己对组织的责任、承诺、贡献。把他人当作替罪羊，认为他人对不起自己，而自己很无辜，没有任何责任。

指责他人很容易，而承担责任则是有一定难度的。自己做了选择，就要承担后果，当然，找个出气筒、替罪羊更轻松，但是这样却是不负责任的表现。

建议

对自己负责

✓ 照顾好自己，是自己的责任。

自己的心情很重要，但该对此负责的是自己，不是他人。自己要承担起照顾好自己的责任，让自己保持好的状态，这可不是他人的责任和义务。

✓ 自己做出了选择，就要承担后果，对此负责。

生活很多时候都不如愿，但在多数情况下，每个人都有多个选项，可以自由地做出选择。事无完美，总会有得有失。自己做的事、自己做出的选择，要自己承担连带的后果。这是最正常的，不用去抱怨。

✓ 不要拖累他人。

自己该做的事情做不到位，总留个尾巴让他人处理，就是给他人添麻烦，造成对他人的干扰。大家共事合作，是伙伴，应相互支持，尽量不要拖他人的后腿。同时，对他人提供的帮助，要心怀感激。

? 答疑

我有选择的自由吗

似乎在许多情形下自己没有选择的自由。其实不然，只是有的选择，需要付出较大的代价。

如果不满意公司、不满意管理者，自己又难以改变对方，那么可以换个工作。

如果不满意伴侣，也可以换个伴侣，继续生活。

如果不愿意承担这样的代价，就意味着自己要权衡利弊去选择接受。没有必要为此不停地抱怨，似乎他人都要对自己的境况负责。

一旦明白这是自己的选择，自己应去承担后果，就不会抱怨他人了。

自我意识强、排斥反馈

如果在头脑中已经植入了很强的想法、意识，外部的反馈就容易受到排斥，很难发挥作用。

禁忌

把他人的反馈等同于否定自己

有些人非常抵触他人的反馈，能回避就回避。他把这当作对自己的否定，甚至到了凡是他人反馈的，就不去做的地步。仿佛照做了就是否定自己，承认自己做得不好、自己“不行”。

这种习惯非常有害。不但让人无法成为合格的问题解决者，而且有害于个人的身心成长，让人在不断自我强化的怪圈里徘徊，自我束缚。

我们时不时就会碰到这种情形：明明是个很简单的反馈，告诉对方自己观察到了什么、有什么建议，听的人却如坐针毡，甚至面红耳赤。他的注意力已经不在听反馈上了，他不是在思考如何参考反馈让问题解决的质量更好，而是想着怎么维护自己的“成果”。他把反馈当作对自己的否定，对自己的“权威”“面子”的挑战。

这种人自我意识强，把“我”看得很重要，有个很厚的保护层来保护自己，他人触及不得，触之必怒；他们认为凡是与自己意见不同的，就是诋毁自己；他们把注意力都集中到自己身上，在听到任何反馈时想的都是维护自己的面子，进而恼羞成怒。

“我很强，你提意见就是否定我！”

“有意见也不能在大家面前提，只能私下提！”

积极的反馈可以帮助人更好地看清自己，快速地提高，同时促进相互之间的信任。想成为问题解决能手，听取他人的反馈也是一项基本的行为习惯要求。缺乏这样的素质，很难有所进步，还怎么成为能手帮助他人？

固守在舒适区

有些新手虽然不听取他人的反馈，但自己也会琢磨一些调整，看起来似乎也有行动，还挺忙碌。他们通常不想直面问题的挑战，只想用自己习惯的方式来处理问题。他们只愿在自己的舒适圈里打转，想的首先是要待在自己的舒适圈里，然后再谈解决问题。

“我有自己的方式！”

他们认为舒适很重要，即便这样做不起作用或效果差。比起挑战自己带来的不适感、压力和对自我的“否定”，他们宁愿选择安慰自己、欺骗自己，反复去做同样的事情，却期望能获得不同的结果。

建议

爱自己、接受自己的“不完美”

有时自己的表现不太理想，也不要太自责。

因为这就是自己，有优点也有缺点，远不完美，要接受和爱这样的自己。

接受自己，心态自然就会放松、不紧张。心态放松了，就可以把注意力集中在工作上，而不是时刻注意“自我形象”。用不着为了自己的“糟糕”表现而懊恼。

精力、视角、能力模式等都有限制，有疏忽也很正常。若他人及时提醒、指出，那么要感谢他人。一旦接受了自己的不完美，在听到反馈时，就会觉得没什么大不了的，有则改之，无则加勉，不会火冒三丈，感觉被冒犯。

重视反馈的人，反而对不痛不痒的客套话十分反感，因为这是在浪费时间。他更渴求对自己有帮助的反馈，尤其是当他人指出了自己的疏忽之处时，简直是感激涕零。

视改变为成长

成长就是在变化。

自身的需求、外部的挑战，都会促使自己产生改变的原动力。最理想的情形是成长伴随人的一生，直至死亡。

变化是活力、生命力的体现，如同花朵绽放般美好，种子发芽般奇妙。从这个角度看，改变不是劳累、负担、压力，而是生命力的体现，是成长。改变是一种常态，这最正常不过，没有什么好焦虑不安的，更不至于排斥。僵化、一成不变才奇怪。

轻松地、持续地进行调整、改变，不需要心急火燎，一定要变成什么样子，也不要想一步到位、一劳永逸。改变就是生活的常态。

不变是种僵化。改变不意味着失败，也不意味着对自己的否定。我们本身就是在不断变化着的，我们的身体、头脑、心灵，就是变化的体现。

不要给自己贴标签，像孩子一样去尝试

人往往在小时候什么都想尝试，什么都愿意尝试。但随着我们慢慢地长大，便不愿意去尝试了，还养成了各种稀奇古怪的成见和“清规戒律”。

“这个不适合我！”

“我不擅长这个！”

“我从来不吃这个！”

像孩子一样多好！自由、充满朝气！哪有那么多古怪的成见？

孩子会全身心地投入搭积木的游戏，不停地尝试，其他什么都不在乎。从这个角度来看，孩子反而是大人的老师。

? 答疑

听到批评，就是很不舒服

道理人人都懂，但当轮到自己做时，常常就不像自己想象的那样。

听到批评感到不舒服也正常，人之常情嘛！每个人都希望被认可、被称赞，都希望自己表现得很好。

但如果完全听不进去他人的意见，一听到就“脸红脖子粗”，这就有些过头了。

听到批评时感到懊恼是不是因为觉得自己丢了面子？是不是好面子超过了对自我提高、产出实效的追求？

只要意识到这一点，理解自己情绪变化的原因，火气就会消掉一大半。

另外，听多了，习惯了，也就顺耳了。

不把关、不作为

禁忌

强调困难、不行动

有些新手总是认为自己不用去承担责任、不用行动。

“这个问题，我只能听他的意见，我又不熟悉！”

“自己亲自去了解？这需要太多时间了！”

“这个问题就是没法简单地说清楚，太复杂了！”

对于每个建议，都从耗时耗力的角度来解读，不付诸行动，或者随便应付一下，而不是自己花时间、精力投入其中。

去了解分析，需要花很多时间吗？未必！

该做的事情不去做，总去找不可行的理由。人的头脑里一旦有了倾向和主意，就会听不进去不同的想法。问题解决者最怕的就是有这种坏习惯，但在实际工作中这种坏习惯存在的比例还不低。

不抛掉这种坏习惯，就不会成为入门者。

假装谦让

在该说自己想法和意见的时候，有的新手不学习好的行为习惯，反而像老油条那样，只会说："听领导的决定"。

刚进入职场的新手，缺乏经验，未经观察、分析，可能一时说不出什么。但在多少有些工作经验后，只要认真思考，肯定都能提出一些有益的参考建议。

貌似谦虚，只听管理者或其他人的决定，然而自己的贡献在哪里？不去观察、分析，分享自己思考所得，帮助团队来综合意见和认识，这就是逃避责任。

该自己做的事情不做，反而把责任推给管理者或其他人，觉得决定反正是管理者做的，自己没有责任，还保留事后"吐槽"的权力。

这样很有害人的嫌疑啊！

一味迎合他人

有的新手头脑中的想法太多了，但都不是首要该去想的。

明明是一个新手，基本的技能都成问题，逻辑不清、分析不够深入严谨，可是头脑中装的都是某个管理者是这样想的、另一个管理者是那样想的，非要牵强附会地把迎合管理者想法的东西糅合到分析和方案中。凡是与某个管理者的意见有冲突的，都不愿意在分析中体现，只讲些他认为管理者想听的、想要的话。

把关，是发挥自己和团队的最高水平，做出最严谨、细致的分析、应对措施，并快速实施。认真就会处处有挑战，做起来一点也不容易。一味迎合他人的人在这方面不下大功夫，在揣摩管理者意图上下的功夫倒是很大！

也许是因为环境成就人，在某些工作环境下可能盛产"政治能手"，而不是流程改进和问题解决能手。

也可能更多的是个人问题。我们都需要反省一下，自己真的在对工作负责吗？真的去做对集体更有利的事情了吗？还是自己不愿把关，只想把责任转移到管理者身上，在出了问题时只会说："这不是你的意见吗？"

很多时候，管理者未必有多少时间去了解细节，可能对事情的了解也不全面、深入，有时甚至有些误解。怎么把这个问题全面、深刻、完整地展示出来，避免误解，是自己的责任。所以问题解决者应该自己花精力把好关，而不应该只花精力迎合管理者。

只强调风险

有的新手只会强调风险，选择什么也不做，因为这样自己就不必担风险了！

强调风险，停止行动，自己不用承担责任，很轻松；而细化和分析风险，需要花费很多精力，要收集必要的数据来做参考，还要承担一定的责任，所以不如简单地强调风险而停止行动。这是表面上的积极和重视质量或安全，实际上的懒惰和不负责任。

撂挑子

再差些的情况，就是完全缺乏自我管理：有时间处理任务的时候不采取行动，截止日期到了感觉"压力山大"就撂挑子。这就不是一个成年人应有的行为了。

建议

努力做帮助人的好事

把精力用在做有用的事情上，去真正地帮助他人。

要追求实效，而不是空谈，没有行动。同时，不要一味迎合他人，自己要勇于承担责任，把好关，主动替人解忧。

怎样能真正帮助他人，让他人得到好处，就怎样去做。不要去做看似很好，实则害人的事情。例如，每天请人喝奶茶，不担心把人喝胖吗？

? 答疑

认真很可能惹人嫌

虽然没有顺着对方的意思，但最终帮助了对方，在多数情况下，这是容易被接受、被认可的。即便有时可能有点讨人嫌。

有意地迎合对方，但最终没有提供实际的帮助，甚至让对方陷入困境，才是真正的麻烦！

只做分内的事

禁忌

只做分内的事

“这不是我的事。”

在很多组织成员身上，这种行为习惯还是挺常见的。其实，也不能说这种行为习惯不好，因为这么做的人，通常工作也很认真负责。

但对于问题解决者来说，这种行为习惯是不能接受的，因为这是把效果摆在后面，把职能摆在前面的表现。许多问题，存在于职能间的模糊地带。如果人人都自扫门前雪，不愿去做常规工作外的事情，都等着他人理顺后再考虑是否要接手，问题解决能有进展吗？

只做不需要动脑的事

“我不清楚到底该做什么？你说清楚要哪个数据、表格是什么样的格式，我往里填！”

期望需求方这么做，是不是在回避自己的责任呢？把需求细化到这个程度，也许是自己的责任，也许是双方的责任。

问题解决者重目的。达成目的的具体方式，需要自己去逐步明确。连方式都懒得去琢磨，只是等着他人来明确，这种工作方式是偷懒的表现。

只被动支持

有人参加会议，一直低头看着手中的电脑，只会说一句：“有什么需要问我的，或者需要我做的，就告诉我！”

问题解决，需要大家共同贡献想法，去积极地思考、澄清问题。不去积极参与，等着他人提醒，这样的态度和习惯，不是问题解决者该有的。

建议

重视效果，高于任务和职能

设定任务，划分职能，其目的是实现预期的效果。把按职能做事、完成任务，看得比效果还重要，这难道不是舍本逐末？完成任务，就万事大吉；超出现有职能范围的事，就撒手不管，这不就是人人都讨厌的官僚主义吗？

答疑

工作做多错多，越做越累

确实有这种风险，积极的人和消极的人共事，会感到很累，还不被认可和接受。

但无论如何，都不要养成自己所讨厌的行为习惯，不要沾染一身让人厌恶的官僚风气。总能遇到相互扶持的伙伴，一起做点彼此认可的事情。

综合测评

下面各项与你的相似程度如何？在下面对应的圆点处标出来，并将它们连接成折线。

	相反	不像	有点像	非常像
图省事、不花气力	·	·	·	·
以差为好、自信满满	·	·	·	·
热衷于抛出困难、否定建议	·	·	·	·
习惯抱怨、回避责任	·	·	·	·
自我意识强，排斥反馈	·	·	·	·
不把关、不作为	·	·	·	·
只做分内事	·	·	·	·

是什么样的原因，让自己养成了这样的习惯？

自己准备做哪些调整？

第三章

坏习惯之菜鸟误区

菜鸟跨过了新手阶段，他们认可和接受了基本的行为习惯，没有雷区的坏习惯，愿意去解决问题，但效果还不是很好。

菜鸟一些典型的坏习惯，如低标准、不严格、随意性强、不较真，造成了能力进一步提升的障碍，限制了能力的提高。

菜鸟在不经意间做着负面的示范。管理者及流程改进的推进者，应尽快从菜鸟升级为能手乃至教练，否则不但很难帮助他人，还会因为角色的原因，误导很多人。

浅尝辄止，不专注、不深入

菜鸟可能积极性很高，但有个常见的困难是，你所掌握的信息，可能比其他人少。只是依靠问询和总结，得到信息的似乎都是他人已经知道的，没有新鲜的内容；想有些新的发现，如果不依靠他人，自己又不是很熟悉环境；想收集信息，自己又缺少章法。问题解决缺乏进展，只在表面打转，深入不下去。

禁忌

太相信他人

不可以把相信他人当作真理，他人说什么就是什么。

如果他人说的是事实，那么应该有一些数据来支持，如出现异常的频率、次数，并通过现场观察进行确认。

如果他人说的是观点，就更需要依据，需要基于事实的统计和分析。

太相信他人的另一面，就是不相信自己，因为觉得自己无法快速、简单、有效地验证他人提出的事实和观点，所以只能选择相信他人。

讨论不具体、不深入

例如，在讨论某产品的交付问题时，只提出需求预测的波动大，难以建立原材料的库存，不知道该怎么做。

能讨论得具体些吗？

到底在讨论多少物料号？是成品、半成品，还是原材料？哪些是通用件，哪些不是？物料号之间的对应关系是什么？各物料号需求的占比如何？

细化讨论之后发现高风险零件是一种非通用件，虽然有几十个物料号，但其中少数的几个就占据了绝大多份额。建立针对这几个物料号的库存，就可立即解决大多数缺料问题。

这么简单的问题，可能困扰一个企业多年，团队抱怨市场波动，销售和物流部门相互指责，没有任何进展。为什么？因为每次的讨论都太不深入，视角都太单一了。

对于菜鸟，这个问题很普遍，再好的工具、方法，如果只是应用在表面，都不会有好的效果。菜鸟太容易满足于似是而非的信息和含糊的分析，缺乏好奇心，不够务实，导致问题解决浮于表面，还觉得自己做得不错。

默认没有问题

菜鸟盲目乐观地认为各个环节都没有问题，"有问题大家早就知道了"，既然没人抱怨，就是没有问题。

每个人的视角和出发点不同，有的操作者，甚至对"异常"没有概念，因为自己每天的工作就是处理这些"异常"，这可不就是他眼里的"日常工作"吗？那么，还能期望从他们的口中说出这些"异常"吗？

听一听最熟悉这个流程的人的意见？

熟悉并不代表结论就经得起推敲，每个人可能都只是摸象的盲人，相信自己的切身体验，把这当作事实的真相。

这可不是问题解决者该做的事情，既不亲自探究，又简单地相信他人的结论。这么依赖他人的结论，就不担心自己被误导？自己的独立性在哪里？

面对不了解的话题时的畏惧、担心，面对该领域的老手时的胆怯，会让菜鸟不敢去质疑、挑战、挖掘。实际上，管理者一样会畏惧。对于熟悉的问题，人人都有信心，可是当面对不是非常熟悉的领域、面对一些比自己更懂的人时，心里就难免有些忐忑，害怕他人看到自己不自信的一面。

建议

宁愿装不懂，也不要装懂

不要轻易地转移到下一个话题上，问问自己当前的环节清楚了吗？问题分析透彻了吗？

许多时候，得过且过、模棱两可，就把问题放过了。

真的弄清楚了吗？

自己能不能确定？

当其他人问道：“不好意思，这里我没听明白。为什么说……”时，不要似懂非懂，宁愿装作不懂，也别点头装懂。

要有一些韧劲儿，咬住了猎物就不要轻易松口。花时间、花精力在问题解决上面，自然就有收获。不肯下功夫，轻易松口，到手的猎物都会逃脱。

？答疑

我不熟悉这个领域，只能相信他人了

在很多情况下，问题没有那么难以理解，**多数的障碍，都来自人对障碍的畏惧**。

想一想，自己做了什么尝试来理解和验证？估计什么也没有做，就直接放弃了！

这个理论或方法的关键点是什么？假设条件是什么？是怎么处理这个关键点的？如何确保有效？如何从现场得到验证？

这些问题使用逻辑简单思考一下或通过询问就能知道个大概。一层层剥下去，通常没什么复杂、难以理解的。

担心验证太耗时？

实际上根本用不了多少时间。所谓的自己“没时间去验证”，多在于自己没有有效的方法去收集、分析和验证信息。自己都搞不清楚该做什么、怎么做去验证，当然说不清楚需要多少时间了。

忙了也未必有收获

很可能如此。在一个领域研究了半天，也没什么成果。不过也别太贪心，如果要确保有成果才肯下功夫，那么估计要“饿死了”。不去挖掘，谁知道地下有没有金子？要知道，即使是狮子狩猎，也只有两成的成功率，这可是百兽之王！

标准宽松、不严格

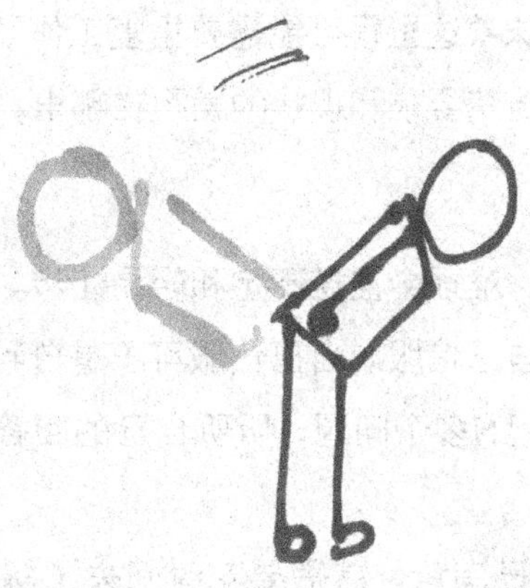

 禁忌

标准太宽松、不严格

什么是重要的？什么是不能让步的？

大到问题解决的步骤，小到一个具体数据的选择。

菜鸟常常在这些问题上标准不清晰，左摇右摆，似乎怎么都可以，这不但传递很负面的信息给周边的人，也大大地影响问题解决的质量。

进展缓慢，时间节点不断推迟——可以；

空口讨论，缺乏书面的信息整理（如A3报告）——可以；

项目的预期效果不好——可以；

问题描述中存在假设——可以；

如果什么都可以，那么做事的标准在哪里？自己坚守的质量底线在哪里？

自己都不清楚如何把握整体并兼顾细节，来确保质量和速度，无怪乎让人感觉缺乏标准了。

低估对关键点的要求

即便收到明确的提醒和要求，菜鸟也常常把一些关键点当作小事，不以为然，以为自己可以轻松完成。菜鸟头脑中对标准的理解，低于应达到的要求，但自己没有体会到。

“没问题，我们之前也是这么做的！”

“这些事情他们应该都清楚怎么做！”

听到这样的话，就意味着这里很可能需要重复工作了。因为这个人没有收到我们传递给他的信息，不清楚要求和现状的差距在哪里，做法会和之前一样。

自己都不信服

自己对方法都不信服，难怪会摇摆不定和轻易让步。

让他人信服的前提是自己信服。自己信服可不是自我欺骗和自我安慰。自己信服，是要不停地挑战自己N多个问题，听听自己的回答，直到得到让自己信服的回答。

如果回答都不能让自己满意，就需要花时间去了解。去做、去讨论、去阅读、去体会，慢慢地有了满意的答案，疑惑就会减少。当然，可能随着理解的深入，也会产生新的疑惑，那么就接着去探索。

这个过程是必须的。如果自己都不信服自己在做的事情，就会左摇右摆，不坚定，掌握不好灵活性与质量把控之间的尺度。

打折执行

因为对标准和重要性的理解不准确，菜鸟常常在各类事情的执行上打折扣，让好的方法、工具失去原有的作用。

有时即便事前提醒了，也不能做到位。

应该更多地在现场工作。菜鸟可能觉得这涉及工作习惯的改变，常常很犹豫，“现场太吵”“空间不够”，总是有理由要留在办公室里。

这是因为菜鸟缺少对现场工作好处的体验。有什么疑问，在现场走几步就能直接观察确认；一些之前不知道的问题——其实是经常发生的，只有在现场工作时，才能发现。

应该和基层人员进行良好的沟通，让相关人理解、参与工作。菜鸟往往要么忽略不做，要么几句话带过就算做了，结果基层人员既不太理解工作内容，又没有表达想法的机会。明明很好的机会，就这么被浪费掉了。

这种情形可不是特例，基本上每种好方法、好工具，都会被打折执行。所以团队工作是非常重要的，让大家有机会来相互矫正对方法、工具的认识。只是口头告诫，实际上作用是很有限的。

习惯于妥协和交易

在流程改进中，常需要他人支持配合，菜鸟会对此感到犹豫和胆怯。

对方觉得困难，或者没有意义，不愿去做，菜鸟就让步，接受对方的想法；或者自己先去做件符合对方期望的事情，来换取对方的支持。

菜鸟对自己提出的要求缺乏信心，把这当作对他人的负担，怕严格要求他人会影响彼此的关系，所以不敢去提要求，而采取妥协或交易的方式来换取支持。

妥协当然是非常常见的，也未必不妥。问题在于，你对于自己正在做的事情有信心吗？这是对大家有利的事情，还是大家都做得很勉强的事情？

如果有信心，该坚持的就要坚持，可以妥协的就妥协。做这件事是因为其对整体有利，自己在帮助他人，所以很坦然，也很坚定。菜鸟该考虑的是如何有效地帮助他人，而不是如何完成自己的任务。仅仅为了完成任务勉强自己和他人做某件事，而不让人信服，这是应避免的情形。

建议

想想榜样会怎么做

不要随意地做决定，不要轻易地在面对困难时降低标准，想想榜样此时会怎么做。

榜样的做法，常常与你不一样。想象一下，你的榜样会如何考虑这件事？想想自己最近的妥协是针对什么情况，是否合理，得到的经验教训是什么。

把行动放慢一步，多考虑一下，就可以减少自己的不恰当妥协。

答疑

妥协难道不是依据现实来灵活调整吗

有的妥协，是灵活调整；而有的妥协，就是在一步步地把好工具变成“蹩脚货”。菜鸟虽然有时会过于教条，但更多时候，会自以为是地随意调整方法、形式，觉得自己已经融会贯通、熟练掌握本领了，实际上只是一知半解而已。

谁在这方面具有经验？谁的意见更值得听取？

菜鸟常常自行其是，对他人的意见充耳不闻，固守自己的见解。

保持谦虚的心态，认真听取他人的意见，这是菜鸟进阶的基本前提。

太教条、不动脑

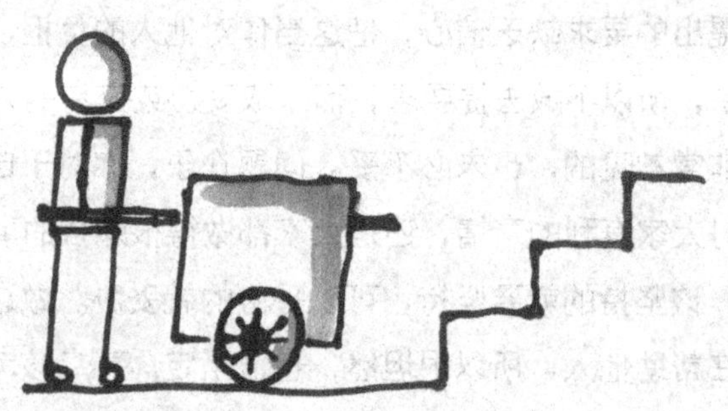

 禁忌

简单照搬，自己不思考

教条是一种懒惰的表现。

有些人觉得有了现成的工具、方法和标准，自己只要简单照搬就行了，不需要再费力考虑如何应用，也用不着通过实践来调整。

不动脑，可能有再好的方法，也不好用。

工具、方法通常有标准的步骤，这有好处，可以降低应用的难度，让人容易掌握。不过也有负面作用，有时会让人觉得只要按步骤做，就不会有问题。实际上，一两个疏忽和理解不够准确，就会导致应用的效果很差。

有趣的是，你会发现，**抵制流程改进的人，常常一变脸，就会变成教条的流程改进者**：只想尽快完成任务，推动进展，汇报成果，不愿深入探讨。其背后的问题都类似，或者理解和接受的程度有些偏差，或者杂念多，导致其关注点不在如何流程改进上，只想尽快完成任务交差。

重形式轻目的

形式是重要的，因为形式是为目的服务的。

教条的另一种表现是，太注重形式，而不注重目的。把依照标准做看得很重要，但对于是否有作用、怎样起作用，倒不怎么在意。

例如，一个简单的可视化应用，只确定了如何标识当前生产的状态。这还没有结束，重点应该是“然后做什么”“想达到什么目的”“怎么达到目的”。

因为光知道了状态还不够，还要有后续的反应行动：谁、什么时候、怎么做，只有明确了这些才能导向流程改进和问题解决。

重视形式和目的，就会做完整的、可形成闭环的流程改进，即有效的流程改进；而只重视形式，就会做一些不完整、呈开环状态的流程改进，不能真正起作用。

建议

注意细节

细节决定成败！

关键点没有把握好，看似是在认真执行流程改进方案，没有打折，实际上已经走样了。

关键点在哪里？应用的注意事项是什么？

这些对细节的把握，十分关键，一旦疏忽，就可能导致一次失败的实践。

? 答疑

我只想知道怎么做，多余的我不想懂

有些人没有耐心和兴趣去探讨那些更深层次的认识，只想知道该怎么做。他们认为只要依照标准和方法去做了，结果就会是好的。理论上是这样，但实际上未必，即便标准和方法是好的，也不一定有好的效果。

依样葫芦、照猫画虎，是不会有好的效果的。严重的情形，可能就是空有形式，而丢了本质。

不愿意动脑，只想轻松搞定，结果就是除了非常简单的事情，稍微有点技巧性的任务，就做不好。

也许按步骤做了，可是对各步骤的理解准确吗、操作合适吗？只要做得质量差，就不会有好的效果。

随意行动、欠缺思考

禁忌

随意行动，欠缺思考

菜鸟经常兴冲冲地动手来收集信息和分析，又是设计报表格式，又是考虑不同角度的统计等。

动作太快的结果是，很快就感觉自己没有了思路，不知道报表到底能说明什么问题，到底什么样的分析才算完整，目前还欠缺什么。

动作快是好事，但这是不是有点太随意了？

随意和冲动是很自然的行为习惯，人的想法很多，通常想到哪儿是哪儿，未必会持续深入。与随意性相对的就是严格和纪律性，其基本要求是清晰，反对模棱两可、含糊不清。分析可以很快，实施也可以快，但各环节的开展都要以满足基本的要求为前提。几个简单问题就能把行动者问倒，这说明他实在是太欠考虑了。

建议

明确想要什么，以始为终

在《高效人士的七个习惯》一书中提到的“以始为终”方法，对把握问题解决的方向、提升效果很有帮助。在行动开始时，就要考虑最后的结果该是什么样子。例如，一个处理数据的小任务，在开始时就要考虑结果要能说明什么样的问题、里面应包含哪些信息、最后应以什么形式来呈现。

在开始时，就想好比较清晰的最终产出，不仅让人不容易迷失，还可以更有效率。

有人说，一件事情人实际上做了两次，一次是在头脑中，一次是在现实中，“以始为终”是同样的道理。先想清楚要得到的是什么，描述清楚结果，再行动。

A3报告中的目标状态，实际上就是这样的作用。不要光说目标，要说清楚结果到底是什么样子，其实就是未来的标准和流程是什么。把这些描述得越清晰，障碍就越容易被识别出来，所需采取的行动也就越准确。

不过度分析，只做必要的

有的分析是必要的探究，因为不确定问题出在哪里，所以范围应大些。

而有的分析就是因为考虑不周，没想清楚要什么，是没有必要的过度分析。

有的分析虽然有益，但现有的分析已经能说明问题了，再多做就有浪费时间和精力的嫌疑了。对于流程改进，分析只要大体正确就可以了，有70%的成功率就动手去做吧！再多的分析就是多余的了。

可以不做这个分析吗，不做会怎么样？

经常对自己提出这样的疑问，可以避免分析范围被随意扩大，把精力集中在必须要做的事情上。

？答疑

想得多，动作慢也不好啊

动作是应该快的，但不能太随意。

对于当前的流程改进活动，要先有个判断：是否是当前重要的主题？分析和方案的质量是否能接受？

未经推敲，就快速采取行动，通常很快就会陷于不断的调整之中，速度根本快不了。

通常，能手在准备阶段花费的时间和精力，明显要比未经训练的人多，而整体上看，速度明显更快，效果也明显更好。

心有杂念、想得太多

有些人头脑中想的不是如何改进流程和解决问题，而是其他的事情。做事情不认真，当然很难得到满意的效果。

 禁忌

隐藏和模糊化问题

不少人不喜欢把问题表面化、模糊化。美其名曰，自己已经清楚问题在哪里，没必要让他人知道。

对自己区域里的问题藏着掖着，尽可能不“暴露”问题。谈的都是别的部门、别的区域的问题。即便心里认可自身问题的存在，也不愿意把这些问题、结论清晰地写在报告上。

能模糊就模糊，能不透明就不透明，就是不想把问题讲清楚。

流程改进和问题解决的一大原则就是透明，因为透明有助于改进流程和解决问题。这种模糊化问题的习惯明显是与透明原则相悖的。

例如，门口的电表，如果住户能非常容易地留意到电表上快速转动的数字，就会自然减少不必要的用电；反之，如果电表不透明和缺乏反馈，就非常容易导致人不加节制，直到看见账单，还会质疑用电量怎么变多了。

在不透明、不暴露的情况下自己悄悄解决好问题，不引起他人注意，这种方式对于解决简单的局部问题可能有用，对于解决复杂和跨职能的问题则几乎无用。

这种人除了有封闭、保守的职能、地盘观念，“问题观”也不妥当：把问题当作麻烦，觉得问题最好都是他人的，自己不应有问题。认为没有问题才是正常状态。

持续地进行流程改进，发现问题、解决问题是正常工作的一部分，而不是额外的工作。有问题和不足再正常不过，反倒是没有问题，才是个大问题。难道自己的工作是完美的吗？还是自己不知道问题是什么，或者只是在掩盖问题。

有意地忽视部分信息和意见

杂念多的人，会有意地忽视部分信息和意见，因为这些信息和意见不符合自己部门的利益、不符合管理者的想法、不符合自己的意图。

抱着对自己有利的想法不放，不去质疑自己的想法，即便受到他人的质疑也不进行自我审视。**只认可对自己有利的数据和结论，而忽视对自己不利的，分析也只是应付一下。**这样的习惯，就是流程改进和问题解决的障碍，很可能问题本身根本没有多大难度。

杂念多，就不会把有效地解决问题当作目标，不愿意欣赏多视角的意见和他人的想法。相反，只会把不同的声音当作麻烦、包袱，觉得越快扔掉越好，不想听到，也不想知道。

真正有价值的观点不需要多，也不会多，因为那是深入分析后的结论。所以还是把心中的杂念先放到一边，把注意力都集中到当下的环节，一步一步来，该有的成果自然都会有。

好的解决方案重要，至于方案是谁提出的并不重要。既然如此，就应把精力放到如何让方案更好上，而不是一心维护自己的方案。一旦有更好的选择，就要果断抛弃自己的方案，听取他人的意见。

把团队成绩归于自己

多数的问题解决，都依赖一个团队的持续努力。

如果一个人只为团队提供了短暂支持，就声称自己完成了一个惊人的指标优化，并可能使成效因此得到提升，就会让问题解决的参与者觉得被利用，自己的努力和贡献都被抹杀，因此感到泄气和愤怒。

有这种倾向的人，期望自己能表现得比其他人更强、更聪明、贡献更多。

事实上，**即便方案是好的，也需要经过团队的努力才能实现**。就像发明家的发明可能很多，但真正成为商品的非常少，使发明成为商品都是发明家的功劳吗？其实很多贡献来自其他人。倡导团队精神，共享成果和荣誉，更符合实际情况，也更加公平。

建议

效果优先，其他靠后

要把功夫下在有助于产生效果的事情上，而不是其他方面。不要像某些人那样，把管理者一句随口的评论当作“圣旨”，一味去迎合管理者的意思。

这话说起来容易，做起来难！

在一些人心中，相比客户的需求，可能更在意的是管理者的想法和要求。客户的需求，未必那么直接可见；而管理者的要求就在眼前，况且管理者还掌握着自己晋升发展的机会。

“取悦管理者而忽视改进客户服务系统”的思考方式，要比我们想象的更普遍存在，并且根深蒂固。这种思考方式的影响甚至从一个人小时候就开始了，幼儿园的一些孩子就会因为感受到老师掌握着奖惩权力而学会迎合和讨好老师。这种影响会延续到人的整个职业生涯和生活中。

答疑

太认真做事，可能冒犯管理者怎么办

有时候真的可能发生这种情况。

关键是看自己的平衡。

许多时候，管理者没有太多时间可以花费在一个问题上，所以他们说出的要求、指示，出发点是好的，但可能并不合适。这种情况很常见，只要多推敲一下，就会发现其中的不妥。多数的管理者，还是可以大方承认之前指示的不足，接受更好的选择和结果的。

度量小的管理者，也不值得去追随。

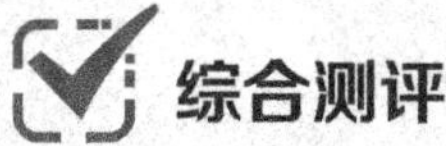

综合测评

下面各项与你的相似程度如何？在下面对应的圆点处标出来，并将它们连接成折线。

	相反	不像	有点像	非常像
浅尝辄止，不专注不深入	·	·	·	·
标准宽松，不严格	·	·	·	·
太教条，不动脑	·	·	·	·
随意行动，欠缺思考	·	·	·	·
心有杂念，想得太多	·	·	·	·

是什么原因，让自己养成了这样的习惯？

自己准备做哪些调整？

第四章

能手训练及领导力

用自然筛选的方式，能让少量的能手脱颖而出，但效率低、代价大。成熟的方式是系统地训练能手，并使用专门的能手养成套路。

这种套路也是领导力，因为使用套路来训练能手，这本身就是管理者的职责。在组织内，这种套路也应系统化和标准化，这样才能保证持续产生好的效果。管理者承担着训练改进能手的职责，使用套路长期地、系统地指导被指导者，使其达到组织所认可的标准。

套路包含改进套路和教练套路。改进套路是准备一个适合的平台，流程改进课题、目标、完成期限、互动的频率和方式，由管理者、教练和被指导者共同确定，由被指导者负责流程改进活动的结果，教练对被指导者的结果负责；教练套路是在流程改进过程中由教练对被指导者进行指导。所以，套路本身就是流程改进活动，同时也是训练能手的活动。

套路是框架化的行为习惯。与之相比，第一章中提到的10个好习惯更为细微、基础，可以支持套路实践。脱离这些小的习惯，套路的运用也大打折扣；而套路的运用过程，也有助于这些习惯的养成。

管理者，流程改进、问题解决的专业人员都可以成为教练，都应掌握和推广套路，这是训练能手的最佳方式。

套路一：实际问题的解决

建议

遵循改进套路的 4 个步骤

从逻辑上看，改进套路的4个步骤很简单：

- ✓ 理解方向或挑战。
- ✓ 理解当前状态。
- ✓ 设定下一个目标状态。
- ✓ 朝向目标状态的实验。

不要小看这4个步骤，虽然这也不是很高深，但要想大体掌握，至少还需要在教练的指导下完成三四个流程改进活动。

选择适合的课题

最佳的练习机会，就是实践。工作中会不断地产生问题，这些都是练习的机会。

教练需要把实际的流程改进和问题解决，作为训练能手的平台。通过长期的训练指导练习，传递和建立起组织所认可的行为习惯和工作方法。实际的问题解决和流程改进，为训练提供了一个平台，去探讨如何进行课题选择、问题分析、制订方案和跟踪实施效果。

通常会选择对该区域有重大影响的课题，目标既有挑战性，又现实可行。这样的课题，才能引发区域内人员的关注，激发团队的动力。

拆分成几周内可完成的任务

训练要快速看到效果，所以周期不宜太长，如几个月。更不能只是制订一个计划，而没有真正的实施。

若课题较大，教练及被指导者需要把课题拆分成子课题，并在几周内完成该子课题的计划和实施，实现可交付的成果。

两三周完成一项流程改进任务，这样的节奏非常重要。否则就会传递出完全错误的信息：流程改进可以是拖沓的、缓慢的。这就完全误导了被指导者，给他们建立起了错误的认识。

设定目标状态

教练及被指导者要设定目标状态。其中除了目标，还要包含实现目标所需实施的标准，乃至这些标准的相关指标。

这就是“结果和流程同样重要”的体现，能够明确到底依赖什么样的标准来达到目标。用好的过程达到好的结果，而不只是关心结果。

目标状态的设定，也需要考虑愿景。愿景通常能够为目标状态的设定指引方向。

每天都要有进展

练习的方式是以固定频率进行讨论、指导和验证结果，这个频率最好是每天。太低的频率节奏太慢，还会传递错误的信息：“流程改进的速度可以是缓慢的”。

每天都要有进展。即便是在分析阶段，也应有分析的进展。基于进展和当前状态、目标状态来进行讨论，明确下一步的任务。

工作中含糊的任务分配，是不可接受的。例如，“用一天的时间来分析”——分析什么、要得到什么样的产出、怎么去分析，这些问题都没有澄清。

通过不断地澄清任务，来确保行动的有效性，确保人员清楚要做什么、怎么做、为什么做，确保每天有进展。

? 答疑

可以完全依靠课堂吗

技能是很难从书本上和课堂上学到的，最大的收获可能是来自实践和工作。

课堂和书本的帮助，最多是让人“知道”有这样的方法和工具，至于能不能用，会不会用，都需要在实践的过程中验证。知道了也不代表会做，这就是所谓的**“说归说、做归做”**。只有在实践中，才可以学到真正的东西，养成好的行为习惯。

可以让人在工作中自己摸索吗

自我学习虽然重要，但专业训练更为有效。自学多年的木匠，其技巧和能力可能还不如几个月的学徒。技能的提高，不能只依赖自学，尽管个人的自我提升意愿是最基础的。自己摸索，不但缓慢而且低效，还会养成各种坏习惯。

另外，依赖自我学习、自然筛选的选拔方式，缺乏系统化训练和选拔人才的方法，还可能创造出恶性竞争的工作环境，如同事之间抢成绩、推卸责任、牺牲他人等。

可以只凭个人经验进行简单指导吗

这是非常常见的方式，教练或“师傅”根据个人经验时不时地给予指导。实际上他们自己也没接受过系统的指导，也不知道怎么给予他人系统的指导。

他们都是聪明人，能力也有，但这样的方式就难免有失水准了。

这样的指导，很难保证在行为习惯上、能力上训练出符合组织标准的能手，也很难稳定和持续，难以形成组织的竞争力。

套路二：现场工作和使用 A3 报告

建议

使用 A3 报告作为讨论的基础

A3报告不仅是问题解决的工具，也是指导和训练能手的工具。思考如何解决问题的过程，在A3报告上可以清晰地显示出来。

清晰、透明、严谨、简洁、精要、细致、符合逻辑、客观，都是对A3报告的要求。指导时可以让被指导者负责A3报告的更新，并使用A3报告展示问题分析结果和流程改进的方案，再由教练认可后实施。

除了方案的汇报，每日的计划和状态的汇报，也可以使用A3报告，包括当日的目标状态是什么、当前的状态如何、障碍是什么、下一步的行动是什么、如何验证。

A3报告实际上就是教练套路的结构，其实这也是PDCA。教练套路中的5个基本问题是：

✓ 目标状态是什么？

✓ 当前的状态如何？

✓ 实现目标状态的障碍是什么？你目前要解决的障碍是哪个？

✓ 下一步的行动是什么？如何验证？你期望得到什么结果？

✓ 什么时候能总结收获？

去现场

A3报告不是办公室里的逻辑游戏。讨论发现点、实施措施、验证措施效果等，都应在现场进行。教练要熟悉工作流程和现场操作。在现场进行讨论，可以搞清楚被指导者到底观察到什么、问题出在哪里。结合现场讨论，要比仅使用A3报告更直观、准确、高效，也可以传递“现场工作很重要”的信息。

答疑

是不是过于关注细节了

需要关注这么多吗？结果好不就行了？

对于已被认可的能手，当然不需要花多少时间去训练。即便如此，也不应撤手不管。应定期地和能手就手中的问题解决，进行较为深入的讨论。这可以校准双方对问题解决的理解，也是双方相互学习的过程。

对于新手和想继续提升的菜鸟，训练时就是需要这么关注细节。这是最有效的训练方式。懒得去投入时间训练，还希望组织里持续地涌现能手，这不是有点异想天开吗？

套路三：教练式问答

建议

遵循教练套路的 5 个问题

在每个教练环节中，被指导者应提前更新好A3报告等内容，由教练严格按照问题的次序发问：

- ✓ 目标状态是什么？
- ✓ 当前的状态如何？
- ✓ 实现目标状态的障碍是什么？你目前要解决的障碍是哪个？
- ✓ 下一步的行动是什么？如何验证？你期望得到什么结果？
- ✓ 什么时候能总结收获？

针对第2个问题“当前的状态如何？”，又有以下常规问题：

- ✓ 上次计划的行动是什么？

✓ 上次期望得到什么结果？

✓ 上次的结果怎么样？

✓ 你从中学到了什么？

对于标准的问题，若被指导者回答不明确，教练可以使用澄清式提问，让其解释。当教练发现被指导者难以回答自己提出的问题时，通常意味着找到了被指导者当前的知识边界，也就是不确定并开始猜测的地方，教练可以直接跳到第4个问题，问下一步要做什么。

通过这个环节，教练可以：

✓ 评估被指导者当前的思考状态。

✓ 识别被指导者当前的知识边界，检查其制订的下一步行动计划是否合适。

✓ 基于过程对被指导者给予反馈。

✓ 理解当前的流程。

教练应严格按照5个问题进行每个教练环节的提问，不要随意地跳过问题。

整个过程通常只需要一刻钟，如果时间长了，就说明哪里出了问题，很可能是教练与被指导者脱离了套路进行了讨论。

提问是为了理解被指导者的想法。当教练理解了被指导者的想法时，就可以停止提问，给予反馈和指导了。

以被指导者为中心

作为教练，理解被指导者的想法，比自己的想法更重要。

教练应把注意力放在两件事情上：自己去详细了解现状；**去理解被指导者是如何认识现状的。**

每个人都是特殊的、有活力的，有自己的能力模式及其特点，有自己独特的行为习惯和天分，也有自己做事情的速度、节奏、方法。教练应避免过度干预导致破坏被指导者自身的平衡，不要以自己所习惯的方式来粗暴地进行指导。

教练提出问题，通过引导思考，来改善思维方式，帮助被指导者提高。教练，就是这条路上的陪伴者，他们不断地创造、利用适宜的环境来挑战人的思维和激发人的思考。教练在理解被指导者想什么、怎么想的基础上，以能手应有的水准，发出下一个更快、更准确的挑战，来测试被指导者的反应。这不仅是被指导者的练习，也是教练的。

这个过程不轻松，也未必愉快。因为每次练习，都意味着汗水、投入、专注，也意味着焦虑、挫折和失落乃至抱怨。

双方需要保持开放的心态，相互信任，理解和接受套路训练。否则，被指导者很容易把这种练习视为教练对自己的不信任，当作负担、折磨，觉得是在浪费时间。

探询式提问

教练根据被指导者准备的A3报告提出问题，由被指导者回答。

既要避免不适当的压力，导致被指导者把注意力从内容转移到情绪上，又要有很强的严肃性，因为这种探询不是游戏，也不只是形式，这是对核心认识的探讨。

教练不提供答案，甚至可能自己也不知道答案。教练对实际问题了解的细致和深入程度，也未必比被指导者高出多少，但他们对现状的理解通常比被指导者要早一步、深一步，以便判断被指导者当下理解内容的完整度、深入度。教练对于问题解决过程应达到的质量标准有准确的理解，对于问题解决过程的优点和不足非常敏感。问题解决过程的质量标准，代表组织对问题解决能手和教练的要求。教练不是要代替被指导者解决问题，而是要让被指导者意识到问题解决过程中的不足、优点，并通过自我调整来提升能力。

在问答后的总结环节，教练通常会清晰地明确不足和优点。不说含糊的话，即便是在众人面前。因为付出这么多精力，就是为了找出到底是哪一步不足、哪里需要提高，怎么能含糊其词？而在众人面前展示这个过程和套路，也是为了让更多人去理解和运用。

典型的问答如下：

教练指着A3报告说：“这里的物料短缺，具体是指什么零件？”

“主要是阀芯。”

“有多少个型号？”

“30多种吧。”

“各型号需求占比的情况如何？”

“还没有相关数据，应该比较分散吧。”

“……”

或抽丝剥茧，愈发深入；或移步换景，别有洞天。全程严格、务实、深入。

被指导者会不会为避免被发现不足而故意遮掩问题呢?

会出现这种情况。这说明被指导者不信任教练，或者不理解和不接受套路训练，还没有做好相应的准备。

信息的双向流动和校正

在各层面上开展训练活动，可以让组织内行为习惯保持一致，让各级人员的关注内容与组织战略一致，从而实现流程改进活动在焦点和方向上的校正。

这有一定的自由度，既不是自上而下的简单、直接的指示，也不是自下而上、完全自主的决定，而是两者兼顾。信息双向流动和校正，从而实现组织战略对各层面流程改进活动的引导，使各层面保持一致。

很多组织的战略，缺乏对实际工作的引导，是因为缺乏像教练套路这样灵活的校正方式，不能把实际工作中的大小活动与组织战略联系起来。对活动进行统一规划、审批太死板，而自主安排活动太随意，在训练活动中使用教练套路，可以保证一定自由度的双向信息流动，能灵活地起到对战略和实际工作的校正作用。

积极和正面的启发

从成长、发展的角度来看待被指导者，关注正面，让他们看到自己的潜力，从而提高认识。

“对这个概念的新认识是什么？”

“哪些行为习惯是自己比之前更加欣赏或更应规避的？”

“自己怎么来实践这些新认识？”

从这样的角度来助其变化、成长、调整，最正常不过，也易于接受，并能增强被指导者的信心。

通过提问、启发，让被指导者意识到存在更好的方法，并立刻尝试，感受到效果，加深认识，看到自己的进步，认可和接受这种调整。

过于侧重负面的引导，正面的启发不足，若调整和效果呈现不够快，就会产生副作用。

“自己的不足是什么？”

“自己该改变什么？”

这样的提问会让人注意自己的不足、短板，虽然也能促使人改变，但隐含的意义就是其现状让人不满和失望。这种指导，会让人失去信心，产生负面和消极情绪，对调整产生抵触。

严格对待被指导者

不同教练的风格不同，有些教练总是十分严厉、直接地提出要求，而有些总是温和地鼓励他人。但无论风格如何，教练都需要严格对待被指导者。训练活动十分重要，需要投入的精力也很多，不能抱着随便和无所谓的态度来尝试。被指导者是否尽力，动作是否够快，训练活动是否严格按照套路进行，质量是否够好，都是教练需要注意的。

严格对待被指导者，不能简单地说好或不好，要针对具体情形具体分析。

让人有感悟、有收获，能给人以力量，这种严格对待就是帮助，是有效果的。

不能令人信服，吹毛求疵，这种严格对待会被视为干扰，它会夺走人的力量和热情，是不好的。

关注被引导者，理解其想法和反应，针对不同人、不同情形，参考其反应，采取适合的方式调整，比简单的“一视同仁”更可取。

提升自我觉察

人的先入为主的假设思维和行为习惯，在许多情况下，自己是难以意识到的。

教练的作用不是提供解决方案，来解决被指导者的烦恼——这个方案是被指导者的责任。教练也不是简单地传授套路，教练的作用，是帮助被指导者自省，提高自我认知，发现自己在认识上、行为习惯上的限制，这比解决方案本身要重要得多。对于这种限制，被指导者很多时候自己缺乏觉察，或者觉察到了却缺乏简单有效的方法来调整，难以形成新的行为习惯。

提升自我觉察，首先要提高自我认知。人的个体差异、能力模式的不同，决定了我们不能用一个标准来看待或要求他人和自己。知道了自己的优势，可以多加利用；知道了自己的弱项，不必急着提高，可以多听取在这方面有优势的人的想法、意见。这样就可以迅速提升自己的能力和团队的成绩。

缺乏自知最大的坏处，是会忽视乃至蔑视在这方面能力强的人的意见，这不但影响自己，也会影响团队。明明没有把最基本的事实理清楚，却对提出质疑的人感到不屑，还认为是他人的质疑而不是自己的描述不清晰造成了拖沓，这是不可取的。

提高责任感

把自己该做的事情做好，得到大家的赞赏，自然就会提高责任感。

教练应支持团队自主解决问题，而不是过度指挥。

过度指挥，会打消团队成员承担责任的积极性，让人感到不被信任，认为自己没有能力做好。当然，紧急情况下的直接指挥也是可以理解的，但这应尽可能避免。

教练可以提供方法的必要指导，可以质疑和挑战问题解决的过程，可以对团队严格乃至严厉要求，但应相信团队有能力自行调整和做出明智的决定，尤其是当面对一个较小和难度适宜的问题时。

团队要面对的是提问和质疑，而不是指令，这会促发更积极的思考。如果回答困难，就说明这个提问在挑战当前的认知，在思考和回答问题时，团队会有新的收获和成长。

对教练的认证

教练和被指导者一样，都需要通过实践来掌握套路。

在经历数次流程改进活动之后，管理者就应尝试实践教练套路，但应当在合格教练的旁观下进行。旁观的教练通常不会参与教练环节的提问，在教练环节结束，被指导者离开后，旁观的教练再对管理者进行反馈。

开展训练活动本身就是管理者的职责，也是管理者提高自身技能的机会，这种教练技能，需要在指导他人的实践中练习。管理者帮助他人的同时，也是在提升自己。

? 答疑

训练活动太耗时了

直接给出指令确实简单快捷，但这是教练的任务吗？

在多数情形下，这是被指导者的任务，他应该去独立思考，而不是听他人的安排。观察、思考、分析，首先是被指导者的责任，教练不应代替被指导者做这些事情。

另外，要保持一定频率和时长的训练活动。时间的投入也无须太多，如持续对被指导者每天进行一刻钟的训练活动。

直接下指令可能很快，但代价呢？有时能力很强的管理者，只能带出一个独立解决问题能力不高的团队，就是因为他把团队成员当作自己的手脚，而没有去激发更多的“大脑”来有效地工作。

更何况管理者的指令，也未必都合理。管理者在问题解决上投入的时间有限，依据一点汇报就仓促做出的决定，难免有不合理之处。

每个教练环节，都要明确目标状态，回顾上次活动的结果，梳理当前状态和障碍，确定下一步的行动和下次回顾的时间，节奏可能比直接下指令慢，但如果循环快的话，进度也不会慢。另外每个教练环节并不需要太长时间，一刻钟即可。

教练忍不住给指示怎么办

熟悉业务的教练，有时会情不自禁地参与到任务中，直接给予指导，乃至越俎代庖，亲自动手去做。这都不是训练能手该做的事情。这时，反而不是那么熟悉该领域的教练会表现得更好，因为自己不那么肯定，所以不敢直接指导，也因为自己所知信息有限，更能提出具有启发性的问题。

被指导者听从安排固然也会有收获和成果，但这与好的提问所引发的自主思考相比，效果就差多了。被指挥着前进与自我觉察和醒悟相比，后者才真正能有所收获并促发改变。

有的时候，考虑到时间压力，或者课题过于具有挑战性，教练会不自觉地变成参与者，这虽然对完成任务有帮助，但对于培养能手会起反作用，这会抑制被指导者的独立思考能力，让整个训练活动的效果大打折扣。

每次都提一样的标准问题，太死板了

虽然看起来有点死板，但这是必要的。

不遵守套路，随意调整问题的教练，会发现被指导者虽然经历了数次流程改进活动，却仍然没有建立起预期的行为模式，思路依然不能形成闭环，真让人怀疑他们根本没有经受过训练！

这是谁的过失？

当然是教练的！

教练自己的认识不足，导致被指导者的学习效果差。

其实遵守套路也没有那么麻烦。简单的问题，一两句话就回答了，也不浪费时间。每次都遵照相同的次序，提出相同的问题，帮助被指导者建立起良好的行为模式并遵守套路，这是十分关键的。

教练到底在教什么？大家都有能力，不需要教练

没有教练，当然也一样会有人改进流程和解决问题。

提出这个问题的人，能看到问题解决者的思考方式和行为模式中的不足吗？

看不到不足，自然也不觉得需要帮助，也未必能理解改进套路和教练套路中所传递的思考方式和行为模式。

看到了不足，认为自己就能有效调整，这种想法也是不现实的。新建立的行为模式太不容易坚持，人随时都可能回到旧的行为模式上，所以需要教练帮助巩固新的行为模式。

越有经验的人，可能越觉得自己不需要教练，或者不需要作为初学者来学习什么套路，自我感觉良好，认为自己不需要提升技能。对于这种排斥和抵触学习的被指导者，教练也很难提供帮助，因为他们很可能听不进去教练的话。

若被指导者还没有准备好接受教练的指导，就没有必要开展训练活动，这是在浪费时间。

直接做就好了，哪来那么多教练问答环节

要回答这个问题，就要看各方是只想看结果，还是想看到训练过程中被指导者的思考方式、行为模式中的不足，及其对现状认识的不足。

如果只想看结果，当然没有兴趣看不足了，也没有兴趣去开展教练问答环节。

缺少了快速循环和适当频率的教练问答环节及反馈，被指导者在训练活动中的收获就会大大折扣。活动结束后还是沿着老路子做事，没有变化。

当然，对于有着高度确定性的活动，似乎设置教练问答环节有点多此一举，因为一切都已经与预期相符。但是在很多时候，人们会过高地估计自己对现状的理解程度，过低地估计验证的必要性。高度的确定性，除非是特别简单的活动，否则更多的是存在于脑子里，而不是现实中。

因为现实的不确定性和对现实的探索，所以每次验证的结果会自然地引出下一步，而不是简单地照搬方案。而每一步的探索和验证，也未必带来预期效果，这是正常的。仅仅把流程改进当作实施方案，这过于简单化、理想化了。

对管理者的高要求

建议

把角色三合一

管理者首先应该是业务领域的专家，熟悉工作流程和细节。这是能力底线，能够保证你在工作中不被人忽悠。要做到这一点，也需要本事，必须真正地付出时间、精力做过细节、具体的基层工作。

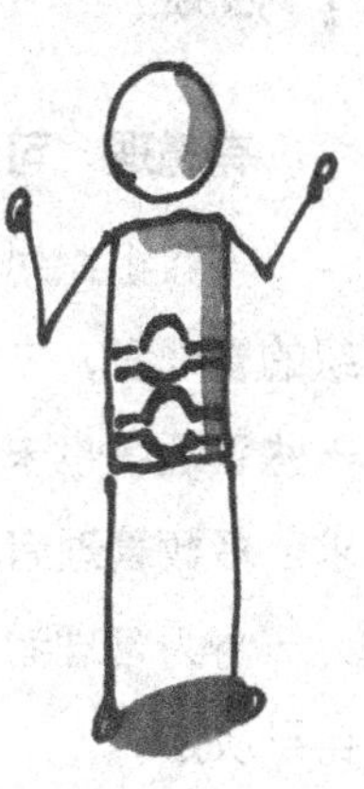

同时，管理者自身也应该是问题解决能手，懂方法，也建立起了相应的行为习惯。

以上是基础。

而培养问题解决能手的管理者，还需要担任教练的角色，熟练应用套路。

管理者要想成为问题解决能手并掌握能手训练套路，也需要经过系统的指导。靠单纯的自我学习和非系统性的指导，难以实现这个目标。

如果组织的管理者不能做到把角色三合一，套路就不能被合理应用，产生的效果不稳定，训练出的能手的素质也就不高。

做自我提升的榜样

管理者自我提升的意愿更为强烈，能够自我驱动，不需要他人来督促，是充满动力的学习者。这一点更多来自个性和个人追求。

管理者能促使他人学习，因为他自己首先就是个学习者。而促进他人成长，是管理者继续提升自我的一种方式。

管理者要能识别问题，自我提升。若对自己的要求放松，对问题视而不见，怎么能指导他人去发现和解决问题?

心怀愿景

管理者心怀愿景，是对现实的挑战者。

管理者不能简单地挑战现实，他要做愿景的解释者、传递者，通过与愿景的比较，找出现实中的问题，改变现实，实现愿景。这种对现实的改变不是头痛医头、脚痛医脚的非系统性改变，也不是循环往复的、短视的、缺乏长远目光的运动式改变。

? 答疑

有道理，可这不是我们的要求

多数组织对管理者的要求，可能只是三合一角色中的一部分。例如，很多组织的管理者，未必是符合标准的问题解决能手，也未必是教练。至于心怀愿景，一些管理者也未必能做到。通常，做自我提升的榜样和业务领域的专家这两个要求，多数管理者还是能达到的。

身为管理者，对自己的要求取决于自己。是否做自己认可、信服的事情，由自己决定。

作为非管理者，通常难以有力地影响管理者。不过也不尽然，很多管理者都期望听取一些组织其他成员的建议，其中不乏虚心学习，对自己严格要求的管理者。

套路的最佳实践：改进周

管理者当然可以在日常工作中进行训练，如把手头的一个流程改进或问题解决项目作为训练的平台。但一个好的平台，应满足一些基本的条件：一定的强度，合适的时间跨度，要有成果 。这样的平台，需要管理者主动地、有意识地去建立。

其实有个非常好的方法，在不少组织中已运用多年，尤其是一些导入了精益的企业，那就是改进周。

改进周是指团队成员在一周内把全部工作时间都用于一个流程改进，并在当周达到预期目标。

改进周由管理者作为发起人启动，由教练、团队领导和核心成员共同准备和实施。

建议

选题和设定目标

管理者作为发起人为改进周选择合适的流程改进课题。

该课题应与组织的发展紧密相关，重要且影响较大。同时大小适合，可以在一周内完成。

发起人和团队领导设立明确的周目标。

如果课题过大，团队领导需要将其细分成几个可以在一周内完成的课题。

周目标应可行，并具有挑战性。如通过一周的流程改进，使该区域相关指标优化10% 以上。

选人并组建团队

发起人确定改进周的团队领导，由其成立流程改进团队。

流程改进团队应包含该区域实际运行的负责人、熟悉该区域相关流程的人、与流程改进课题相关的其他支持人员等。团队领导通常由该区域的负责人担任，发起人通常为该区域负责人的直接上级或直接上级的上级。

通常还会邀请和安排非该区域的人员参与，以新鲜的眼光来帮助解决问题。

发起人若具有相应的教练技能和改进周经验，则可担任教练。若缺乏相关经验，可邀请内部或外部的教练来指导改进周。

有些支持人员可以只在部分时间参与改进周，如参加固定会议，听取团队要求并提供支持。

活动准备

团队领导及成员负责收集必要的数据及信息，为改进周做好准备。

有时，为了确保改进周能成功，在准备阶段会得出分析结果，初步制订应对措施，在改进周进行微调后实施。愿意承担风险，能够接受改进周有可能达不到预期目标的组织，也可以在改进周当周完成分析工作和制订应对措施，这样做挑战性较强，时间也更紧张。

实施改进周

改进周的时间通常为一周。

团队领导和成员需100%参与，这也意味着全部成员脱岗。再低的参与度，再短的时间，就难以迅速产出较大的成果了。

每天的活动内容如下：

✓ 固定教练时间：澄清当前状态，回顾上次的行动和成果，明确下一步的行动。

✓ 现场工作：不去会议室，基本不使用电脑。

✓ 向管理者汇报：可邀请相关区域乃至其他区域的管理者参加这个环节。使用钉板进行书面的简要展示，可以使用A3报告的形式，并在现场展示当前的进展。

✓ 参与者反馈收获：包括教练对参与者的反馈，以及参与者之间的相互反馈。

改进周的产出，应该是新的或更新后的标准及流程。新的标准及流程应被验证是可行的，并能够达到目标，经培训后在组织内实施。

内外部的教练，通常会全程参与。若管理者承担教练的角色，也可以在固定时间段参与，开展训练活动，以及观察被指导者的活动。

改进周实施后的跟进

改进周应验证和产出新标准及流程，达到预期目标。但新标准及流程实施后会有各种小问题出现，需要相关人员密切关注并提供支持，来稳定新的标准及流程，这种跟进通常应在改进周后的一个月内结束。

这需要定期地进行会议沟通、定期地检查新标准及流程，对出现的相关问题指派专人处理和解决。新标准及流程的稳定通常由实施区域的现场管理者来负责，由改进周的团队成员提供支持。

对团队领导和成员的训练活动

团队领导和成员的角色不同，组织对其要求不同，教练对其的关注点也不同。

团队领导的角色十分重要，每天要安排清晰的任务，及时跟进，合理安排成员，对进展、产出的质量负责。

对于团队领导，要关注他如何采取适当的行动来领导团队。例如，使用结构化的图文来让成员理解、传递清晰的信息，对信息、现场标准的清晰度高要求，清晰化每天的目标、行动和成果，引导讨论等。

教练要关注成员如何参与、如何在完成任务上发挥作用。对其在活动组织上的要求要低于组长，如清晰妥当地安排任务、引导回顾等，而在其他方面的要求要与团队领导保持一致，如信息、现场标准的清晰度。

一周的时间跨度、每天紧张的任务安排、不同背景和能力模式的团队成员相互合作，这给团队成员提供了很好的机会来真实地展示自己，并挑战自己的认识和行为习惯。在这个过程中，会出现许多值得探讨的学习机会，团队成员的体会和收获也会因个体差异而不同。

改进周的频率

改进周应尽可能多，这意味着改进速度快。复杂的流程改进，也很快就能完成，然后开始下个改进周。这样的团队能力很强，拥有这样团队的组织会发展得很快。

考虑到这种脱产的活动对正常业务的影响，在现实中组织会选择合适的频次。但要注意的是，频次太低，会导致学习的中断时间太长，对认识和行为模式的调整效率就会很低。一个业务流程区域，应保持一年数次的改进周频率。

? 答疑

如何掌握操作的细节

不要太痴迷于指导手册之类的辅助工具。好工具有用，但要应用的人是谁。

细节实在太多，是不是将细节一一列举，就能规避陷阱了？

不见得！该吃的亏还是要吃的！只有自己实践过，才能学到真本领。

要想掌握操作的细节，最基本的要求，就是管理者和教练都亲身经历过相关的活动，或者至少教练亲历过相关的活动。再生动的描述也比不上亲身经历。有的收获，只有自己体验了，才能发现其珍贵。否则就算他人之前说过，自己也印象不深。

亲历也不够，还需要有心，在实践过后细细整理和总结经验。否则就是狗熊掰玉米，一边掰一边丢，细节和精华都丢了。

改进周会失败吗

有的时候，准备时间过短，或者参与者对现状的认识不准确，会导致达不到预定目标。启动了改进周，结果发现改进空间不大，或者难以在一周内完成，这种情况有时也会发生。

利用充足的准备来降低失败概率是对的。但是过于追求稳妥，在保证了质量高、效果好的同时也会导致动作慢。一定的低比例的失败，是可以接受的，不要使改进周的节奏过于拖沓。

改进周要关注的重点在于，参与者的行为模式如何。如果行为模式是好的，结果不好，那么换了他人也会如此，没什么好抱怨的。如果确实是行为模式上的不足导致了失败，那么这就是个学习的机会。团队吸取经验，加以改进就好。

改进周的启动和持续

改进周的启动并不难，要求也比较容易满足。但要想持续开展改进周活动，使改进周成为组织的套路模式，就需要满足较高的要求。

建议

启动：愿意尝试的管理者

一个管理者，如果愿意在自己所管理的区域尝试套路练习，就可以启动改进周。

即便整个组织尚未接受这种方式也无妨，因为从表面上看，改进周活动与组织改进的需求是一致的。集中一些人关注一个课题，开展高强度、快速的流程改进活动，这符合常理。

尤其是当参与者和观察者，看到改进周快速、有效的优势时，就会认可这种方式。

可以把这看作自下而上的改进方式，当然这个“下”，不是指基层工作人员，至少应是基层的管理者。当高层管理者没有意愿发起改进周时，自下而上地启动改进周也是可以采取的方式。

其实，只要组织中的一部分人改变了想法，就可以影响整个组织。

管理者需要发掘和制造必要的紧迫感，使组织保持一定的张力。紧迫感可能来自外部，如客户的反馈，也可能来自内部的指标要求，或者对组织自身的要求，如期望成为行业标杆等。

启动：合格的教练

最稳妥的启动方式是寻求外部专业教练的支持。尤其是没有体验过改进周的组织，可以通过外部教练的支持，来训练内部教练，逐步做到能够独立地开展改进周活动。

要成为改进周的教练，一定要亲自看过、体验过改进周，否则心中总是有一大堆问题，他人怎么解释也没用。

许多操作上的细节，即便被一一告知，也未必能全部消化吸收。这还需要一个学习的过程，一步步地积累经验，然后再相应地实践起来。

如果组织有过类似改进周的活动体验，并且内部也有适合做教练的人选，就可以考虑选择内部教练来启动改进周，尽管质量会次于外部教练。内部经验最丰富者可以担任教练，他代表了这个组织当前的最佳水准。最好这位内部教练有参与比较规范的改进周（可能是在组织外部）的经验。

如果既缺乏内部教练，又难以邀请外部教练，则活动的风险会明显提高。如愿意承担这样的风险，则可以先在小范围内尝试练习，教练和其他参与者都“在干中学”，也未尝不可。

持续：高层管理者的参与、认可和倡导

改进周若想持续开展，成为整个组织所认可的模式，就需要高层管理者的参与、认可和倡导。这样，套路训练就有可能超越少数管理者的个人意愿，成为组织认可的行为模式，从而成为组织的文化。

套路练习，对于组织的管理模式，以及组织成员的行为、态度、意识，都会产生挑战。

自下而上的改进周开展方式是最有可能出现问题的。有些高层管理者只是来看看热闹，有了成果，就表示赞许，但其个人的行为模式，可能本身就与套路训练所倡导的相冲突，有时甚至是反面的示范，让启动者感到尴尬；有些高层管理者没有意愿深度参与到改进周中，保持旁观的姿态，那么套路训练所倡导的行为模式的影响，就只能局限在小范围内。

组织的成熟度，取决于高层管理者的成熟度。当高层管理者认识不到套路训练的可贵和重要时，组织也难以达到套路训练所致力达到的高标准。

持续：中层管理者的支持

如果认为自上而下地开展改进周活动，有了高层管理者的倡导就一帆风顺、顺利无阻了，就把事情想得太简单了。

在很多组织中，高层管理者的倡导是好的，但中层管理者有自己的想法，未必全力支持。例如，一些倡导会是强化基层员工的力量，削弱中层管理者的力量；或者中层管理者有自己的考核指标，他们更关注容易衡量的事项，不容易衡量的，就不优先考虑；甚至高层管理者对所倡导的也未必深入理解。所以即便有高层管理者的倡导，组织变化缓慢、积极性差，也是很常见的事情。

如果多数的中层管理者没有接受和实施套路训练，不愿改变自己的思考方式和行为模式，改进周活动也是难以持续开展的。

? 答疑

自下而上开展的改进周活动会被高层管理者否决吗

其实，自下而上，走群众路线的改进周活动，也是常见的。有高层管理者的支持和推动更好，没有，也可以先在中层和基层做起来。

不过这种改进周活动在接受程度较低的组织，有被高层管理者否决的风险，尤其当出现了流程改进失败的情况时，一些管理者会对此不满、抱怨。

处于启动期的改进周活动，在操作上应尽量考虑周全，细心准备，全力以赴，以得到尽量多的人的认可。应避免触碰棘手问题，如职能部门之间的责任划分问题。

在组织对改进周活动的接受程度变高后，高层管理者就不会轻易去否决了。但仍有风险，高层管理者随时都可能要求中层管理者把精力放在其他关注点上，因为套路训练在高层管理者的心中还没有占据重要的位置，这时中层管理者就要面临是否继续开展改进周活动的压力了。

教练及管理者的常见误区

 禁忌

接受低水平的菜鸟行为

不合格的教练指导，会使组织成员养成不良的行为习惯。

这是改进周的最大风险，**造成的负面影响可能长久存在。**

菜鸟的坏习惯，如浅尝辄止、标准宽松、思考太少等，都是需要去纠正的。最怕教练本身就有这些坏习惯，再训练出一批菜鸟。

面对含糊不清的分析结果，却没人质疑，长此以往会让整个组织的成员都把这种情形当作正常，从而自己也只能得出不够清晰、准确的分析结果。

“我们到现场观察一下！”

要观察什么？重点关注什么？如何进行记录？如何展示观察结果？

对基本的疑问都不做澄清，这样的工作行为是不能接受的。

接受低产出

学习应建立在有实效的基础上，对效果不严格要求，会导致改进周不但效果差，学习收获也少。

含糊、不够明确的目标，或者一个产出很少的目标，会让投入显得不值得，使改进周不能令人信服。

简单说来，就是改进周的设计不严格、太粗糙。徒有形式，甚至连形式也走样，没有效果。

有些人觉得方法重要：“重要的是学习方法嘛，这次效果差没关系！”

这完全就是没有正确理解改进周，随意地调整或曲解改进周的形式、目标。学习是在追求实效的过程中学习，**不追求实效的学习，就是在自欺欺人、在演戏。**

说要提升效率，结果改进活动根本没有提升效率，因为改进的不是瓶颈问题。这能接受吗？如果是投入少的自主流程改进活动，尚可接受；但如果是投入多的改进周活动，这样的结果就不可以接受，改进周对于所关注的指标，通常要有超出10%的优化。改进周从速度和成果上看，应该成为组织内流程改进的成功典范。

只看结果，忽视行为习惯

过于关注结果，有了好结果就满意了。可团队成员学到了什么？

有的时候，虽然结果是好的，但是团队成员的学习收获很少。只看结果的人觉得这不是问题，实际上这个问题很大。人没有学到什么，就是浪费了学习和锻炼的机会。原因可能有多种：团队成员在管理者或教练的指挥下忙碌，缺乏自己的思考；或者活动的组织过程太粗糙，缺乏适时的反思。

单次的流程改进结果，与团队成员的认识和能力的提高相比，当然后者更重要，因为收获和能力提升，可以持续地贡献于未来更多的流程改进活动。

团队成员到底学到了什么？收获是什么？是在什么情形下得到的收获？

学习机会是否得到有效的利用？团队成员是否觉察到了自身的不足，学到了更好的方法？

这方面的讨论和回顾，常被轻松地一笔带过，浪费了改进周所带来的机会！

能够认识并强调行为模式的重要性的组织较少。大部分组织都是知道了方法，可是似乎成员对方法的使用总是有些偏差，这是因为与方法相适应的行为模式没有建立起来。多数管理者会有意无意地考虑到行为模式的影响，但认真、系统地帮助团队成员建立相应的行为模式的管理者就比较少。管理者和团队成员对问题理解模糊，会造成觉察力不足，进而影响改进活动的效果。

那么管理者的行为模式呢？

看到成果，就急于推广改进周的管理者，有没有看到这种活动对管理者的挑战？只是期望组织复制成功，要求组织成员进行行为模式的调整和改变，那么自己的角色、行为模式如何与改进活动相匹配呢？

其实，套路的推广，对于管理者的挑战更大。

当组织成员知道什么是好的行为习惯，什么是高的标准后，就会对低水平的做法产生鄙夷，而且这是不可逆的。就像人们在吃了无锡水蜜桃之后，总会觉得其他桃子味道差了些。不成长的管理者，很可能逐渐被视为组织的障碍，失去追随者。

干预过多，打击士气

团队成员全程参与，达成目标，完成改进周，会感到很自豪。尤其重要的是，改进周确实产生了实际的好处，经得起推敲，大家都信服。包括管理者在内的相关人员对改进周的认可和赞赏，也会让团队成员特别有荣誉感，更有主动性和积极性。

有的改进周效果好，但参与者不开心，这样的改进周，是不理想的。原因可能是管理者对团队成员的批评过多，团队成员压力大，感到工作不被认可，以及管理者指令太多导致团队成员工作不自主等。

被人指东指西，临时产生过多、过大的调整，会让团队失去信心，觉得自己不能独立完成任务，要依赖他人指示。改进周一周的任务安排，应基本在团队成员可控、管理者与团队成员互相理解的状态下进行，团队应能独立自主地解决问题。偏离了这种状态的原因，很有可能是准备得不够妥当，相关人员的理解不一致，或者管理者与团队成员之间未达成一致。

教练不应把训练活动当成依据标准进行检查或审核。这种想法会让互动变得紧张乏味，不但不能鼓舞被指导者，反而会打击被指导者的热情。教练应把训练活动视为双方的练习活动，互助互惠，这样双方都会很轻松，也更容易进入学习状态。

教练没必要在每个教练环节都给予更正性的反馈，尤其是对于有经验的被指导者。过多的更正性反馈，可能造成被指导者的心理压力，挫伤其积极性。

教练以自己为中心

经验少的教练，常常貌似在听被指导者的回答，心中想的却是如何设计问题，引导被指导者说出教练自己心中的解决方案。

教练应放下自己去设计解决方案的想法，把注意力集中在被指导者的思考上，而不是自己的想法上。

快速循环会一步步地引领我们找到解决方案并实现目标状态。不经过这个过程，无论是被指导者还是教练都难以考虑周全。所以做好当下的步骤，才是最重要的。

期望教练提供方案

常见的一种情形是，管理者希望教练直接告诉团队该怎么做，乃至提供方案，帮助他们解决问题。

这完全与套路的模式冲突，管理者可能不理解或没有接受这种模式。他们可能认为具体的指导、建议才是对团队有帮助的，套路都是“虚的”，不够实用。

套路的基本概念是，自己解决自己的问题，教练没有义务提供方案。教练虽然也需要对产出的成果负责，但是教练负责的方式是确保团队严格地按照套路开展改进周活动。

因为只要观察、分析足够认真细致，在绝大多数情况下，团队不需要外部的指导，就可以独立地解决问题。改进周，不是靠他人来解决自己的问题，而是更严格地审视解决问题的过程，包括方法和行为模式，来提高解决问题的质量和速度。期望他人解决自己的问题，是种懒惰的想法。

有的管理者甚至希望借着改进周的高关注度，把之前难以推动、与其他部门无法达成一致的事情，在改进周中推动实施，使改进周变得政治色彩浓厚。改进周，是基于组织问题的深入讨论，不应用于部门间的角力。若想借改进周改进部门合作的问题，最起码应在准备阶段就与其他相关人员、参与者达成一致。

太依赖外部教练

改进周的启动可以由外部教练支持，但不可能依靠外部教练的支持去实现组织成员的行为模式的转变。只有管理者以身作则，积极示范，才能带动组织成员，在组织内部逐步建立起新的行为习惯。

管理者自己要成为套路的实践者、传授者，这无法由他人代替。否则，一旦外部教练离开，一切就很快恢复如初。管理者需要在教练的指导下，逐渐承担起教练的角色，来实践套路。

过早地独立操作

有人觉得改进周看起来没有什么特别难的环节，索性自己做。

觉得自己可以独立操作改进周的人，很可能自己就是菜鸟，有一点经验，但看不出每个环节的风险和质量要求，满足于低标准而不自知，无知者无畏。这种情况下的独立操作，实际上就是在示范、传播各种应该规避的行为习惯，在误导人，负面影响极大。

敏感度越低的人，胆子越大，越自信，越容易不听劝告。这类人若不经严格认证就担任教练，对组织的负面影响极大。

然而，这种误导不易被察觉。只有合格的教练才能识别出其中不恰当、不规范的行为习惯。往往被发现时，很可能已经误导多年了。

对教练的严格认证环节十分重要。否则任由菜鸟教练随意地开展训练活动，只会误人不浅！

套路训练，尤其是改进周，每个环节都会存在风险，把握不好，就会导致一周下来缺乏成果，也浪费了团队成员的学习机会。

这不是照着指导手册就能做好的，也不是一次观摩或参与就能掌握的。改进周的最大风险，就是不合格的教练。

只有合格的教练，才能有效地识别、降低风险，控制质量，确保改进活动有产出、团队成员有学习收获。

平时不开展改进活动，依赖改进周

有些管理者平常不开展改进活动，只依赖改进周。如果是大的改进活动，需要较多人力，可能组织改进周是适合的。但问题在于，日常工作中的改进活动都做些什么呢?

过度依赖改进周，放弃日常的改进活动，这根本就没有在应用套路训练所倡导的行为习惯。

这种偷懒，会导致改进活动只局限于少数的人、少数的时间。这意味着行为模式的转变，也局限在小圈子里，大大降低了套路训练的价值。

? 答疑

如何规避这么多误区

规避误区的方式其实也简单——选择合格的教练来启动改进周。

合格的教练，有丰富的经验，可以带领教练和团队避开误区，大大提高改进周的成功率。

当然，教练也非全能，每个教练都有自己的局限，擅长某一方面，就可能在其他方面薄弱些。即便如此，一个合格的教练的支持，对于改进周的成功也是非常关键的。

其他训练形式

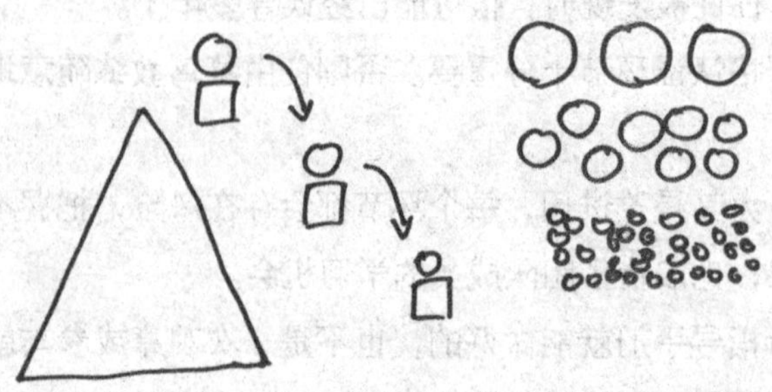

改进周是好的训练形式，可也一样存在短板。

对于管理者来说，改进周在时间和人力上的投入并不算少，所以在实施时，也有频率上的限制。过于频繁地开展改进周活动也会影响正常业务的运转。

而从行为习惯建立的角度看，一周的时间又偏短。期望在一周内有大的行为习惯上的改变，其实是不现实的。能意识到行为习惯的不足，并进行一些有意识地练习和调整，就已经是不错的成果了。

流程改进和问题解决，需要结合其他形式的流程改进活动及日常管理，才能避免搞运动式的短期行为，成为持续性的活动。

而流程改进活动有大型的，也有中小型的，可以让更多人参与进来，这也是重要的环节。大小流程改进应相辅相成，偏重一方也是不妥当的。不同的改进团队只是职责不同、工作内容不同、所面对的问题不同而已，需要调整的行为模式和认识，都是一样的。

建议

迷你改进周及改善日

迷你改进周是改进周的简化形式，时间通常只有两三天。难度较低，方法较为固定，预期效果也会低于标准的改进周。

改善日是由于时间的进一步限制，只能做些非常局部的小优化。对比改进周，改善日通常难以对区域指标有大的影响。但在某些情况下，一个改善日也能产生非常醒目的变化，尤其是在成熟度较低的区域，如之前设计的标准明显不合理，一个工作日的改进也会有非常显著的效果。

一线的自主流程改进活动

一线员工针对工作中发生的问题，在一线管理者、引导者的指导下，以及必要的支持方的支持下，利用固定的时间来开展流程改进活动。通常涉及的流程改进和问题解决所需时间短、影响小。这是典型的自下而上的自主流程改进活动。

与一般的组织成员提建议不同，自主流程改进活动在时间安排和人员支持方面更合理。

自主的流程改进活动，可以提高员工的积极性，并获得一系列小的流程改进成果。同时这也是锻炼能力的机会，可以利用这些活动来选拔潜在的基层管理者。

对于多数组织来说，这种活动的操作难度要高于改进周。因为改进周只涉及十多个人，范围很有限，时间也只有一周。自主流程改进活动的涉及人数更多，而且一线员工常因为薪酬、考核等制度因素积极性低，难以有效地组织起来。通常组织对这些活动的支持也不够，没有足够的支持方来支持这些活动。基层的管理者对一线员工更倾向于发号施令，而不是帮助和支持一线员工自主开展流程改进活动，他们往往担心失去对基层员工的控制和权威，所以也没有积极性去支持这方面的活动。

日常工作中的流程改进活动

教练问答环节，可以与日常的例会整合在一起，这样，教练问答环节就会成为日常活动。

管理者可以每天与组织成员开一次单独例会，时长大约一刻钟，讨论上次的行动、目标和结果，明确下一步的行动和下次讨论时间。自己再向上级管理者每天汇报一次。这样可以减少不必要的会议和额外的讨论，并减少问题的产生。

被指导者每天大约需要花一个小时的时间来进行下一步的行动，并为下一次教练问答环节提前更新好信息。

？答疑

谁来支持这些活动

要在组织的各层面都展开大小流程改进活动，这需要一批合格的教练和能手来提供支持。对于多数的组织来说，这都是个挑战。多数组织中没有这么多训练有素的教练和能手，来支持流程改进活动。

通常可以先通过改进周，训练一批教练和能手，然后再由这些人去训练出基层的教练和能手来支持流程改进活动。这是自上而下的形式，可以从关注大型流程改进活动开始，逐步扩展到中小型流程改进活动。

考虑到具体情形，也许自下而上的流程改进活动也能较早地开展。这取决于基层人员的素质和积极性、所面对的问题难度高低等。在某些组织中，一线的自主流程改进活动，也很容易启动。

好习惯养成的技巧

养成好习惯，规避坏习惯，光有自我觉察和意愿还不够，还需要很强的行动力。

建议

从小做起

先从小的习惯改变做起。

例如，“化大为小、快速循环”，这个习惯还是有点大，具体怎么落实呢？到底要做点什么呢？

改为“每天早上回顾前一天的成果，并写下当日的期望成果。”

这就具体多了。

从小做起就是要关注这样的小习惯。不要期望太高，先从简单的做起。

从少做起

不要一下子列出一大堆需要调整的习惯，这太分散精力了，俗话说：“贪多嚼不烂”，这样做很难有效果。

要专注，集中力量！

先关注一两个习惯，行动起来，这不就是对“化大为小”的应用吗？

或者强化自己的好习惯；或者弥补不足，建立新习惯，都不要贪多，要一个一个来。

建立正向的反馈

怎么知道自己做对了没有?

可以建立一个正向反馈机制，来鼓励和认可自己的好习惯。

在桌前放一张每日更新的卡片，写上“我已坚持了×天！”

或者每次完成计划的任务，就奖励自己一杯咖啡。

这些小奖励和鼓励，就是及时给自己正向反馈，让好习惯的继续和重复成为一种自然。

持续和重复

行为需要重复，才能养成习惯，有一种说法是坚持21天重复同一种行为就能养成一个习惯。

养成好习惯要有耐心，要不断重复。

人们头脑太灵活，想法太多，往往坚持两天，就换了主意和兴趣。所以哪怕重复做一件简单的事情，都是对人的随意性的挑战，这并不容易！

可以采用正向反馈的方法，让坚持重复变得透明，并及时强化这种坚持。

? 答疑

改变习惯很难

不断地重复固有的习惯最轻松。改变习惯，确实很难。因为我们要改变的是长久以来固化的习惯，改变的是我们自己本身。

首先要意识到自己当前的习惯有不足之处，认可好的习惯，看到两者之间的差异。否则改变无从谈起。

如果有比较强的调整和改变需求，就要立刻进入实施的阶段，考虑到底怎么做，才能让这些习惯更容易改变。在这个阶段，可以应用一些小技巧，来帮助自己完成改变。

改变习惯确实是一个挑战，但这也是每个人都需要去面对的，这就是生活，这就是成长！

综合测评

- ✓ 你当前所在的组织培养能手的方式是什么?
- ✓ 哪些内容是你强烈认同的?
- ✓ 哪些内容你不认同或无感?
- ✓ 你想做的调整是什么?

第五章

看清现实——来自组织的约束

除了个人要主动提高技能，调整行为习惯，问题解决还受制于集体和环境，如组织的流程、系统和文化。有时组织本身可能就在制造问题，甚至成为自身发展的障碍。问题解决者除了提高自身的能力，还要看到环境带来的限制。

职能划分带来的阻碍

质疑

目标不同，缺乏合力

最常见的阻碍，来自职能划分。

职能划分的阻碍，首先就是**目标不同**，这导致各方对问题解决的态度、设定的事项优先级都不同。部门指标让绩效考核变得更简单直接，不过这同时制造了新的障碍：部门只关心自己的指标，只对自己的直接上司负责。至于组织的整体目标，并不是自己的首要问题，解决好了，自己也不见得有什么直接的好处。

每个职能部门只关心自己的“地盘”，各自为王，泾渭分明。保持相对封闭，“内部”事务除非万不得已，避免“外人”插手。在其他部门面前，不暴露和讨论自己的内部问题。有问题悄悄地处理，尽量对外隐藏问题，认为问题都是其他部门的问题。

部门之间不相互信任，或多或少都有些排斥和对立情绪。事情一旦跨部门，就难以处理，扯皮、推诿，没有更高级管理者拍板，事情就只能僵持不前。

很多组织本身就存在的这种结构性缺陷，造成流程改进和问题解决的障碍。

普遍的次优化

系统优化要使整个系统各部分之间的配合达到最佳状态，从而达到系统的整体优化。

与此对应的是局部优化，或者次优化。

次优化是普遍存在的。

有多少人会把组织最重要的事情放在首位？很多人想的都是如何让自己部门的指标完成率变得“更好看”，让自己的业绩“更闪光”，至于是否有损于其他部门，或者是否损害组织的长远利益，他们却一点儿也不在乎。部门、子系统追求各自利益的最大化，而非组织利益的最大化，这种现状就是各种力量竞争的结果。打破部门障碍，真正实现整体上的利益最大化，这种理想状态是不会自然出现的。

有时即使出发点是好的，如专注于降低成本、提高产品的质量，也一样会让组织陷于巨大风险之中，因为没有解决瓶颈问题，如使产品更满足用户需求、使客户交付更灵活快速等。如果把关注点和资源放到错误的地方，越“优化”，组织的风险就越大。

攫取权力

职能部门的目标是保持自己的存在并壮大自己，所以职能部门会利用并创造机会，来显示和突出自己的重要性，追求更多的人员、预算和更大的权力。

有些职能部门最善于制造复杂情况，越复杂，越难以管理，自己存在的价值就越大，越繁复的流程、越高深的技术，越能制造机会。

职能部门决不会主动弱化自己的重要性，它限制人自行处理相关事务，强调风险、注重控制、强化标准和流程，对任何削弱自己权力的意图都保持高度警觉。部门职能的调整，往往成为高层之间的权力斗争。

点赞

打破部门界限的尝试

打破部门界限，成立跨职能的业务团队，让不同职能的人在一个业务团队中工作，让不同职能的人不按部门而按业务单元坐在一起。

这样做了之后会发现，许多会不需要开了，只要和身边的几个人说几句话就可以了，信息沟通更高效了，坐在一起，不经意间都能知道不少信息。

弱化职能的划分。对于成员间的汇报关系，有的还继续保留原有的职能汇报关系不变，有的改为向业务团队汇报。原职能部门，有的只保留知识分享、标准制定的功能，取消汇报关系。

有些比较激进的尝试，甚至取消职能部门，将一切权力下放至团队成员。

这些在组织结构上的尝试，可以减少问题的发生，也为问题解决提供了比较积极有利的环境。

流程的限制

质疑

流程封闭，忽略客户

想想好的软件是什么样子的：简单、容易操作和理解，都用不着培训，很快就能上手。而差的软件，不容易理解和操作，缺乏提示，使用起来真是让人充满挫败感。

有些流程多而复杂，简单的事情，也办得费力，设计出这样流程的人，眼中就没有客户。他们认为客户吃力费劲都是应该的，问题都出在客户身上，客户“不懂”“素质低”，把客户看作被监督、被教育的对象。

在一些较大的组织中，一般人甚至都搞不懂流程，有了疑问要找流程专家来解释、介绍。

有的组织层级多，造成批准流程更加缓慢。不断出现的新岗位、新部门，增加了更多的晋升机会和管理者，让跨部门、层级多的障碍变得更突出，对客户的反应更加迟钝，自闭式地去做自己认为重要的事情。

监督和控制

监督和控制流程是为了便于管理、降低风险、减少错误，通过牺牲一部分效率和灵活性，来保证安全。其出发点是对人的不信任，采取的主要措施就是增加控制点。

在这样的流程中需要专门的人力，如在一些节点上，需要安排审核者来监督、审核。这都是额外的成本投入，同时制造了复杂性。

这种流程透明的程度未必高，除了审核者，其他人都不清楚具体状况。流程严格的地方，也常常满是秘密，不能做到公开透明。

点赞

简化流程的尝试

其实一些小公司和初创企业的管理经验，提供了一个在缺乏流程的情况下组织运转方式的参考：增强透明性和提高集体参与度。

组织要做什么、做了什么，如果大家都知道，都有机会表达对此的看法，那么，不妥和错误行为的风险就会降低，而且可以提高工作的质量，规避缺乏流程的风险。在小型组织中，大家相互认识，了解彼此的工作内容，保持信息的公开，就可以相互提醒和监督。

既然如此，何必花时间设计复杂的流程，还安排专人去审核？

管理模式及组织文化

文化虽然看不见，但很容易感受得到。我们对事的态度、方式，也许只需要几分钟，就能让别人有个初步的印象。在有的组织中，流程改进活动能够很自然地发生，很有活力；而在有的组织中，即便高层大力推进流程改进活动，也难有效果。

一个组织的成员，对待他人的心态是怀疑、警惕、排斥，还是亲近、自然、开放？他们是受到信任，愿意主动地提出自己的建议，还是缺少积极性，总是等待着被安排？从这些方面就可以看出这个组织的管理模式及组织文化。

组织文化既会体现为管理模式，又是管理模式的结果，两者相互作用，互为因果。

当下流行的一些管理模式，会降低组织成员的积极性，系统性地制造合作的障碍、持续改进的障碍。

质疑

依赖指标的绩效管理

用指标来衡量组织成员的表现，这会诱导成员只关注自身的短期指标，即便损害他人、整体、长期的利益也不管。在这样的氛围下，只能先保证自己的“安全”再谈别的。

至于其他重要的、难以测量的指标，如客户满意度、创新能力等，既然难以衡量和考核，就不是重要的事情，不做或做不好都没关系。

什么样的组织，造就什么样的成员。既然管理者想靠指标来控制成员，就会有成员学会怎么玩弄指标来忽悠管理者。

不要指望指标和激励机制能建立起持续改进的行为习惯。这些行为习惯，可以靠套路实践和训练来建立，不能靠指标和考核来建立。

以服从为基调的组织文化

管理者的权力太大，可以直接决定下属的晋升、涨薪，这自然会造就一味迎合、取悦管理者的风气。

组织成员首先关注的是管理者的想法和意图，然后才是工作的实效。做得好不好，要看的是管理者怎么看、怎么说；做得再好，管理者不喜欢，也没有前途。不合管理者心意，就被“打入冷宫”，调离部门乃至开除，这让下属唯唯诺诺，服从成为组织文化的基本行为规则。

这与流程改进要求的积极探索、尝试、追求实效等行为习惯冲突。

这种层级制度，常常给组织发展制造瓶颈。不深入了解一线的高层管理者，依靠被层层提炼和过滤的简单信息，开个短会就做出影响组织发展的重大决定。管理者层级越高，越忙碌，他们的时间被大大小小的各种会议所占据，对一线的了解不足，成为组织中信息传递的瓶颈，并带来了很高的决策风险。这种模式低效、迟钝、高风险，尤其是当面对高度变化中的市场时。

个人主义和等级特权

有些管理者用独立的办公室、方便的停车位来凸显层级；与低层级成员保持距离，只和同级别的人交谈和共进午餐。

有些管理者喜欢频繁的小圈子密谈，依靠少数人传递的“秘密”，做出影响多数人的决定。

同时，也有些组织成员强调个人成绩，通过与同事竞争，来脱颖而出以获得晋升机会。

这种彰显等级特权，追求个人主义的风气，与注重团队、重视每个人的视角和能力、注重合作等行为习惯冲突。

围绕结果进行管理

管理者制定目标，组织成员被迫接受并去完成管理者制定的目标。

有些管理者认为，这就是管理规则。

这种管理方式会造成重视结果，远超于重视过程。组织中精于数字游戏的成员，最终获得晋升，而过程并没有多少改进，甚至所谓的好结果都以隐藏问题为前提来实现。

这种风气也挫伤了组织成员改进过程的积极性。管理者或是不重视过程，或是强压指标，组织成员还有多少心思去改进过程呢？甚至会有意地隐藏一些改进成果，用来应付下一阶段的指标要求。

围绕结果进行管理的盲目性，就像戴明说的那样，是只看后视镜来开车，只能根据结果来调整。这样的管理方式不可持续、风险大，必然使组织陷入困境。

结果不能用于指导方向，只能用于在确定的方向上指导方式的调整。

忽视系统问题

一次安全事故、质量事故是特例吗？惩罚相关人员就能解决问题吗？

一个岗位，换了几个人都做不好。这是个人能力的问题吗？

在多数情况下，这是该领域的系统性问题，光靠换人是解决不了的。

把问题简单地归结到人身上，通过换人来解决问题，从换操作者到换总经理，这样做倒是挺简单的。可关键是，问题是出在这个人身上吗？

不去探究问题背后的系统的原因，是解决不了问题的。要想解决问题，就需要花更多的精力、做更深入的改进来变革系统。

从控制出发的标准化

标准化的出发点是什么？是方便操作者完成任务，还是便于管理者控制？

很多时候，所谓的标准化的出发点是后者。不深入流程、与实际脱节的管理者，为了便于自己的理解和管理来推动标准化。这样的标准化，往往制造更多问题，束缚了操作者的手脚。

不要以为复制最佳实践的标准，就会自然产生优势。实际上，是否适用都很难说！复制标准，不会产生优势，复制找到最佳实践的行为习惯和能力，才会产生优势。

众多推行不下去、走样的标准，都是脱离一线的管理者和技术人员，在办公室制造出来的标准。真正的用户、实际操作者，倒被排除在标准制定之外。难道他们就应该是听从指挥安排的服从者吗？！

这种排除，包含着不信任，不信任其有积极性，也不信任其有相关能力。

这种排除，也包含着对立，是管理层和操作者、白领与蓝领在收入上，乃至阶层上的对立。

可预测性和可操控性

管理的职能就是计划、组织、领导和控制。

过于依赖计划和控制的管理，是一种傲慢，站在金字塔尖上的人，以为自己可以利用一套体系和架构，来控制整个组织，并自以为是地引领组织长久发展。

信息如此之多，变化如此之快，无数的头脑蕴含着无数的可能性，何谈预测和控制？身居高位者，可以仅仅依靠电话和会议来掌控全局吗？这只能是一种虚假的想象。他不但掌控不了全局，还会成为组织发展的瓶颈。

过度竞争和互不信任

过度竞争，抢夺资源，会造成同事之间、部门之间的竞争风气。他人的成功就意味着自己机会的丧失，在这种风气下，谁会愿意支持他人呢？相反，一有机会就给别人制造点麻烦才是正常之举，或者建立互帮互助的小圈子，对圈内人支持，对圈外人排斥。

自己不能出问题，因为这意味着失败和晋升机会的丧失。所以问题都是他人的，或者是他人造成的。自己区域的问题赶紧掩盖起来，不让“外人”插手。

在相互制造麻烦的小圈子风气下，组织难有什么改进。

管理者会提倡合作，因为组织本身就会系统性地制造冲突，所以要时不时地倡导合作来缓解矛盾。但组织成员的具体执行程度就是另一回事了。

组织利益的最大化

管理者口中说着愿景、价值观却不践行，或者干脆就说不出来，一旦遇上问题就是利润第一，只盯着眼前的好处，让人觉得虚伪，不能让人信服，甚至也难让人尊敬。

这样的组织，自然会造就出个人利益最大化的成员。因为这就是同一种文化。

从阴暗的视角看待人

某些管理方式对人的看法，充满了阴暗面：

✓ 组织成员是懒惰的，需要用指标、奖金、惩罚来诱导其好好工作。

✓ 他们没有能力参与企业决策，他们不知道该做什么、什么是明智的，这是管理者该做的事情。

✓ 不需要充满活力、有才能和有头脑的人。他们只要好好按要求执行就可以了。

✓ 操作者不需要、也没有能力来设计工作，他们最应该和最适合做的就是简单重复的工作，不用动脑，也不需要有什么想法。

✓ 他们需要被管理、被教导。

✓ 他们会逃避责任，要由管理者去督促他们承担责任。

✓ 他们随时可以像零件一样被替换。

✓ 他们不能变得很强，因为变强了就会离开组织，更愿意看到他们对组织的依赖。

这样看待组织成员，还期望他们来改进流程？

点赞

管理模式和组织变革的尝试

在关于组织和管理转型的理论中，很少被人提及，但很有价值的是戴明关于管理转型的14条建议。

戴明把自己在二战后对日本企业提供支持的方法和经验进行总结，提出美国的管理模式可能造成了美国制造业的衰落。他的理论对我们依然有很强的指导意义，甚至在几十年后的今天，有些内容看起来仍然很前卫。当下流行的各种组织转型、管理变革的理论，其实并没有超出多远。

1. 建立不变的经营目标以改进产品和服务；

2. 采用新的观念，领导变革；

3. 停止依靠大规模检查去保证质量；

4. 结束只考虑价格的采购；

5. 持之以恒地改进生产和服务系统；

6. 建立在职训练制度；

7. 建立领导力：管理不是监督，而是帮助组织成员；

8. 排除恐惧，使每个组织成员都可以为公司有效地工作；

9. 打破部门之间的障碍；

10. 取消对组织成员的标语训词和告诫；

11. 取消定额管理和目标管理，用领导力来代替；

12. 取消打击组织成员工作情感的考评：管理人员的责任必须从单纯的数字目标转化到质量，这意味着要废除年度个人目标或排名的绩效考核和目标管理；

13. 建立有活力的教育和自我提高活动；

14. 让企业中的每个人都致力于转型。

通过制造和利用恐惧、绩效考核、设置标语训词和告诫、推行目标管理等方式来驱动员工，这不就是当下某些组织推崇的管理方式吗？

戴明所抨击的，不就是我们今天的现实吗？

据说，戴明曾反思，为什么很少有管理者能够去真正地实施管理转型？

是因为行为习惯——在社会生活的经历中形成，并根深蒂固地影响人思考问题和为人处世的方式。

人与生俱来的，是激情和固有的内在动力、自重、尊严、好奇心和求知欲，而摧毁这些的外力——排名、等级、分数、指标、奖金……从幼儿时期就陆续出现了。

如果一个人在小学就学会取悦老师以脱颖而出，那么这个行为模式将继续贯穿他的整个职场生涯——取悦管理者而忽视改进客户服务系统。

管理方式转变的障碍，就是被期望领导管理转型的人，都是旧模式下的成功者。他们大多都受到思想和行为习惯的束缚。

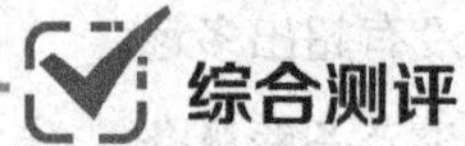

综合测评

- ✓ 哪些内容是你自己强烈认同的？
- ✓ 哪些内容你不认同或无感？
- ✓ 你想做的调整是什么？

第六章

看清现实——思维模式和思考的局限

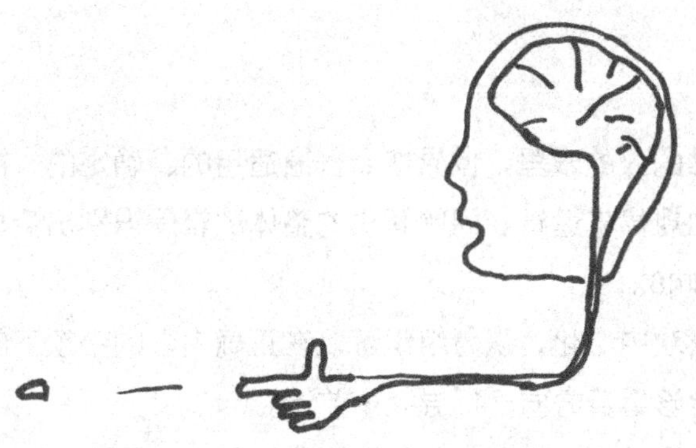

在有些领域，流程改进和问题解决的系统方法，可能很难有所贡献，或者其本身的特点，变成了局限和弱点。了解这些，可以避免“手握榔头，就以为世界就是个钉子”的盲目自信。要知道，在很多情况下，自己未必能够解决问题，反而可能正在制造问题。

认识到这点，也许有助于跳出自己的思维模式，尝试些模式外的转变。

思维模式

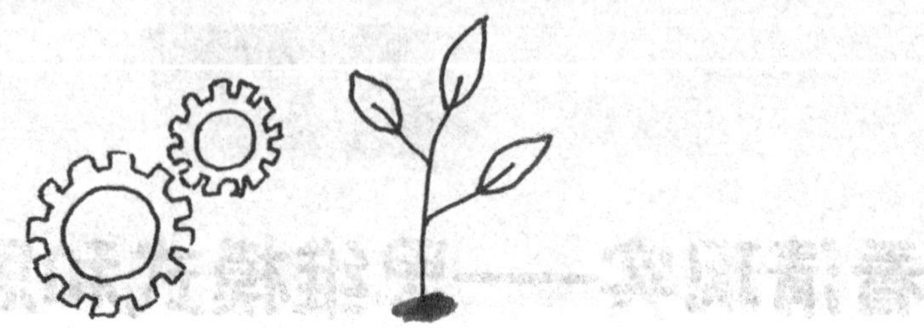

质疑

机械思维

在机械思维的人的眼里，世界按照普遍适用的、确定的、被认识的、可以简单地描述清楚的规律来运行。问题解决的整体逻辑是识别出清晰的因果关系，从而控制A，就影响B。

机械思维喜欢中心化，认为组织可以在正确中心的带领下前进发展。组织中有英明的人，能够看清方向，指导大家前进。

机械思维强调计划、控制、服从和严格执行。

机械思维追求稳定，把波动看作异常，甚至把人也看作不得不承受的波动变量，最好能被控制。

机械思维把整体看作局部的组合，认为在掌握机理的情况下，更换局部是很正常的，更换员工就像更换某个机械零件那样简单。

把复杂世界简单化去认识和思考，这既有有效的一面，取得了一些成果，又越来越多地暴露出本身的缺陷和弱点。简单化，是忽视世界的复杂性，是思维模式的局限，在复杂多变的情况下，就显得死板而不适用了。

看起来很简单的事物，实际上可能是一个复杂的系统，可能根本梳理不出清晰的因果关系，难以认识。

面对一盘意大利面，我们无法预测抽动一根会引发什么样的变化。

在现实中，事物、组织、系统并不是像机械一样精确运转和可预测的。机械思维只看到因果关联，没有考虑互动、相互作用的复杂关系。

个人生活、组织管理也是如此，影响的变量众多，起作用的未必是自己所认识的那个规律。典型的就是人与人之间的关系，复杂、多变，短期还能看出些眉目，长期则难以预测。反目成仇、化敌为友都是可能的。

而在UVCA时代，易变性、不确定性、复杂性、模糊性，是时代的特征。机械思维越来越与时代脱节。

竞争和焦虑的世界观

资源是匮乏的，机会是稀缺的，只有竞争的获胜者才能拥有。

从进入小学，甚至幼儿园，竞争就开始了。

而恐惧的源头，就是竞争失败，失去进入名校的机会、好的工作机会、晋升机会……

在以单一的标准衡量优劣的情况下，不要奢谈喜欢、热爱，争取机会，保卫自己的利益才是重要的！

在这个过程中紧张、焦虑、努力，始终相伴。

点赞

有机生长新视角

用对待有机体的角度来看待组织、系统，就会看到不同的情形。

从追求简单而明确的因果关联，变成接受和认可复杂的相互影响、不断变化中的关系。改变可能带来复杂的影响和反作用，试探、判断、调整，成为重要的互动方式。如同给花浇水那样，何时浇水与温度、阳光、空气干湿度都有关联，最简单可行的方式就是看看或用手摸摸花土，判断干湿情况来浇水。感受、互动，而不是预测、执行和控制。规划路线？太死板了，只会把丰富精彩的生活变成蹩脚的剧本。

局部并不是零件，一旦离开整体，整体和局部也许都会因此完全改变。因此，要关注相互之间的联系和影响，而非割裂对待。一沙一世界，局部也是整体的体现。

组织像有机体那样是有生命力、有内在力量的。一粒小小的种子，也有着惊人的内在力量，只要温度、水分等条件满足，就会生长、发芽、成熟。人和组织也是如此，要释放内在的生命力，而不是机械地靠外力驱动。

面对外力，组织也会产生复杂的反应，如作用力越大，反作用力就越大，可能不会按所期望的情形变化。

既然如此复杂，组织中心的指挥还能完全依赖吗？各部分相互之间的联系、沟通、调整也许更有效。

有机体不断地适应外部的变化，永远处于适应和调整中。变化不是异常，而是正常。组织是一个有机生命体，充满变化和活力，可以自我发展、自由生长，充满了丰富的可能性。

有机的组织散乱中带有平衡和稳定的秩序，可以做到自适应。不是“简单划一”的草坪，而是有各种微生物、植物、昆虫、小动物的草地。

多样化体现的是世界的丰富多彩。树木和蘑菇，各有各的使命和轨迹，又相互影响。“用不着拿苹果的标准，去评价蜜饯。”欣赏、发展、平衡，能够产生更多的可能性。

理性的力量是有局限的。面对生命，感性的力量、追求美的力量、爱的力量，会带来更多的可能性和美好。

丰裕的世界观

在持有这种世界观的人眼中，我们生活的世界资源丰富、机会众多。

不用争抢，也可以轻松地得到必需的东西。

生活和追求都是多样化的，每个人都可以自得其乐，可以彼此欣赏差异和不同。

人们可以轻松、自在地生活，认真工作，但不费力，能够去做自己热爱的事情，相信总有好的机会在前方。

现实的复杂多样

质疑

个人认知存在局限

复杂的问题，要花很多精力才能理解和解决。

许多问题，不是几句话就能说清楚、读1篇网络上的文章就能弄明白的。自己对问题到底了解多少？如果自己未必比他人聪明，专注度也未必比他人高，那么做的很可能未必比他人好，如果有问题，那么问题未必容易解决。如果有这样的态度，人就会谨慎、谦虚地对待周边的事情，不会自以为是地随意评价。

专家的意见也可能冲突，不能完全依赖

人的知识结构、理解和认识的能力、有限的精力，决定了人不可能事事都弄明白，只能借助、依据他人的观点和结论，尝试去理解。

一个狭窄领域的知识量，都让人望而生畏，在这种情况下，还需要继续前行，并不断创造出新的东西，只能依赖他人的知识、观点和结论。

即便如此，也依然会面临困境。专家也可能观点对立，他们都有事实、都有分析，即便相互辩论，也难分胜负。作为专业外的普通人，通常难以判断和决定接受哪一方的观点。

思想既不自由，也不独立

每个人的头脑中都充斥着大量被输入的观点，我们的头脑并不独立。

有太多潜移默化中建立的偏见、观点、想法，左右着自己而不自知。一些想法和观念，正是因为存在于多数人的头脑中，才成了当前维系社会运转的规则。大家都是在被裹挟着前进，真正特立独行的人少之又少。头脑中再自我的主张，都可能是“他人嚼过的食物”。

多数人也没兴趣去花精力探究，对似是而非的状态没有耐心，只想有个简单明确的结论，摆脱让人心烦的纠结。

混乱、嘈杂、多样、冲突

混乱、嘈杂、多样、冲突，就是生活的常态。

我们能理解的、能认识的、能接触的、能影响的，都很有限。

甲之蜜糖，乙之砒霜。一个人追求的，可能对于另一些人来说丝毫没有价值，甚至避之不及。

人、组织都有各自的追求，这些目标杂乱众多、相互冲突，很难有各方一致的目标。

点赞

保持中庸

自己可能是错的、无知的，所以做事要留有余地，不要太过头。

不要自以为是、自作聪明。只要知道自己所知有限，人就会保持谦虚的态度。

过于自大就会对给他人带来的痛苦乃至苦难不屑一顾、不以为然，甚至一笑而过，以为自己站在正确的一方，以为自己代表正义、进步。这是非常愚蠢的。

可以选择左边的道路，但不要堵死右边的道路，要给想走右边道路的人留出机会。因为也许在前方，两条道路还可能穿插交会，殊途同归，而非当前看起来的南辕北辙。

对于会造成重大后果、不可逆的事情，更应谨慎。人生虽然短暂，引起的祸患却可能影响久远。

国家大事如此，生活小事也是如此。

相互争执，水火不容，非要分个是非黑白，实际上很可能双方都站在黑白之间的灰色地带。偏激处理，又何必呢?

去理解，而不是去辩论

面对分歧，有些人以为真理会越辩越明，实际上很可能并非如此。辩论引起对抗，双方不断收集有利于自己的事实，证明自己的观点，只会陷于无休止的辩论中。

不要以为自己是对的一方，他人是错的一方，对方很可能也是这么想的。

更有意义的是，抛弃固有的观点和立场，尝试去理解他人。人都是类似的，虽有不同的观点和想法，但有相同的需求，是可以去相互理解的。隔阂、冷漠、斗争、算计，只会让现实变得更为复杂和难于处理。

增进相互理解，会带来更多、更好的可能性，让双方在协调合作中获益。

接受现实，不要太理想化

鼓励人追求私利，很容易成功；鼓励人追求公利，多数会落空。以为人人都关注地球和人类命运，这更是一厢情愿，相较于全球变暖，多数人更关注晚餐吃点什么。

只要是有人提倡的，就一定会有人反对，这就是现实的世界。很难有一致的目标，每个人、每个组织都会更多地关心和追求各自的目标。混乱、嘈杂、多样、冲突，都是最正常不过的。

人当然可以去追求自己的理想，不过要是想把这当作大家的理想，那就要打个大大的问号。也许会有同路人，但更常见的情形是，每个人都有自己的路要走。即便有再高尚的动机，人也不能绑架和强迫他人与自己同行。

理想化，常常带有一种蛮横，对他人的看法不认可、不妥协、不接受。其实，抛开表面的高大上的口号和冠冕堂皇的理由，人都是类似的，都是好与坏两个极端之间的普通人，都有自己的欲望和需求。要搞清楚在理想化的追求之下，是什么样的动机，让自己执着，又是什么样的想法，让自己有这种蛮横的自信。

不断观察和认识自己

头脑中再自然不过的想法、观念，都有它的前因后果。它们不是无中生有，也不是完全自由独立的。

我们头脑中的一切，就是对这个世界的反映。可以说，认识自己，就是在认识这个世界。

这是个无休止的过程，需要投入很大的精力，还需要有毅力、能自律。

对于多数人来说，这样的倡导，要求太高了。所以，有人倡导随心所欲，因为这更合乎追求自由的人性；有人倡导遵守既定的集体规则，因为这更简单易行。这两种倾向，都有优点，但也都在回避认识自我，容易让人缺乏自省和自知。当人自身就是问题的一部分，自身的行为习惯可能就是在制造问题时，自省和自知，是非常可贵且必要的。

思考的局限

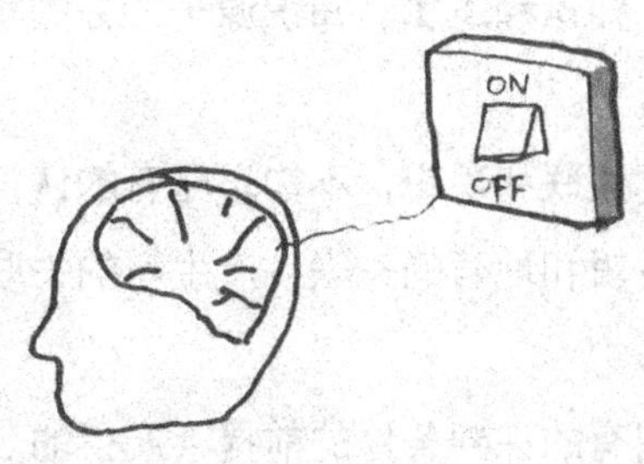

质疑

过度思考制造太多的观点

估计在我们的日常生活中，最过剩的就是观点了。总有人一会儿就能冒出许多念头，产生许多观点，自以为是地对身边的人指指点点，或者高谈阔论。

我们需要这么多观点吗?

很多观点有必要存在吗?

如果没有这些观点，我们会损失什么吗?

好好生活，在许多情况下，其实并不需要这么多思考和观点。

散步、晒太阳、喝茶、聊天，做这些事情时都不需要分析、推理、判断。

甚至工作中的某些时刻也不需要产生观点，如在观察现场时，我们只需要仔细观察，去理解操作者就够了，不需要输出自己的观点。

狭隘的思考制造分歧和斗争

人的思考造成立场、观点的不同，也会制造分歧和斗争。

我们太容易把自己看作正确的一方，而认为他人站在错误的一方。实际上，不管是自己，还是他人，很可能都是站在黑白之间的灰色地带，算不上对，也算不上错。

很多人会通过分析、推理，搜罗有利于自己的证据，漠视、掩藏不利于自己的事实、无休止地争论和辩驳，从身边小事，到国家大事，都是如此。这样的争论，未必能让真理越辩越明，反而很可能让人们掉进相互攻击、谩骂、对抗的泥潭，徒劳无益。求胜心、先入为主的偏见，都会让思考变得狭隘。

狭隘的思考，制造了分歧和斗争。想用思考和辩论来解决分歧是很难的!

思考缺乏创造力

思考往往基于已有的知识和逻辑。知识源于过去的学习和经验，逻辑依托于已有的知识，都缺乏创造力。

创造力是打破现有的关联和逻辑，不拘于已有的认识和经验。奇思妙想多是灵光乍现的产物，打破逻辑和现有的关联，产生新的关联，创造新的可能。这时候是不需要思考的。

创造力，是在去除固有的评判条件的前提下产生的。对于眼睛看到的事物、心中呈现的念头，不去考虑其是否合乎规范、不去考虑大家会怎么想、不去管看到的事实意味着什么、不去管它们是不是重要的、也不去管它们彼此是否相关。排除了固有的评判条件，新鲜的、更有创造力的事物自然会出现。

点赞

停止过度思考

我们能像关水龙头那样，在不需要思考的时候，让大脑停下来吗？

实际上，我们的大脑在无休止地思考、制造念头和观点，在跑步时、开车时，等等，根本停不下来！

有时，读书、听音乐会让我们的大脑安静片刻，不去思考，不过用不了多久，就又会有声音在脑中响起。

能自由地停止过度思考，真的需要很高的修行。

停止过度思考，不去分析、判断、评判、比较看到的人和事，人就会一下子变得特别轻松自在、满足、平和，变得特别情感细腻、温柔。风吹过的声音、鸟的叫声、花的香味、路人的脸庞，都会给人带来强烈的感受，让人感觉生命是如此精彩和美好。

自我觉察

觉察力，就是客观地观察自己的想法，不去评判、不带褒贬，就是去观察自己。

如同看到一只钻出洞的老鼠，当我们的想法出现时，不去评判和分析，也不去克制和思考，只是去观察。

不断涌现的想法，在某种程度上就代表了我们自己。我们静静地观察自己，如同看电影那样，也许会发现自己的想法比电影更加精彩、更加丰富、更加深刻。客观地去观察自己，我们就可以理解自己的情绪、欲望和需求。

我们越观察自己，就越能理解自己、理解他人。

不去过度思考，就不会滋生太多念头。愤怒、暴力、嫉妒等不好的念头就不会被强化，美和善的念头，就会自然浮现。

身心完整

身心不完整状态下的工作，无法给人带来真正的满足，疲惫、厌倦会伴随工作的全过程。这种工作在破坏人的完整性，消耗人的力量。身心状态下的工作，才能真正释放生命力。

质疑

戴着面具工作

有意识地分裂自己的想法和行为，让自己适应组织的需要，这就是某些组织所推崇的职业行为规范。它们不允许成员在组织中谈论自己的想法，除非这能帮助组织在经济上获益。

在这样的组织中，成员们隐藏自己的想法，不去提建议，也不会和同事讨论，甚至也不和家人讨论。他们以被期望的一面示人，似乎只有这样才能被视为自己成熟、稳重，值得信赖。

他们掩饰自己天然的一面，向别人展现逻辑性强、积极进取的品质，掩饰自己对赢得竞争没有帮助的个性。友爱和体贴被视为软弱，内敛被视为沟通能力弱，关注无益于组织盈利的事情被视为不成熟、不稳定、不可靠。

这些组织也不期望成员在与帮助组织盈利无关的方面有什么想法。所有与实际业务无关的活动，都由个别部门的个别人来自上而下地组织，如社会责任部门，其他人都置之事外，只需在特定时间和场合露个脸、走个形式即可。

对于组织成员个人，这会造成一种失落情绪。即使职业上的成功和业余的休闲娱乐，也不能消除深层次的不满足，还有长久不能展示真实自我所带来的不轻松、不自在。

被控制的组织成员

组织用薪水、地位、职业成功来吸引成员，以获得人力支持，完成组织的目的。

在一些组织中，成员个人的想法、追求被漠视，除非这有助于组织盈利。所有成员的时间、精力，都被用于帮助组织盈利。其他的一切，组织都不想看、不想听、不想关注。不能适应规则的成员被边缘化乃至驱逐出组织，留在组织中的成员，都是这种组织规则的服从者。

最极端的情形是，组织连同组织成员都可以被买卖，而组织成员通常对此没有多少话语权，就如同零件和设备一样，被支配、被控制。难道组织成员是组织的附属品吗？

被抑制的变革力量

商业和盈利不是生活的全部。我们还要关心人，关心未来、环境和社区。

太多的力量都被用来促进商业利益的增长，只有很少的力量去关注其他问题。这种偏差，会导致社区自我纠偏能力的丧失，即使各种问题反复出现，也仍然没有投入力量去解决，这是因为很多人的活力被组织系统化地抑制了。

其结果就是，不合理、不公平、不好的事情持续发生，并且长时间得不到改观。这是因为投入到解决问题中的力量太少，组织成员的力量，都被日常工作消耗掉了。

社会上需要做的工作太多了！

逐利的资本，不断更换商业模式，系统性地制造需求和消费，不断产生更冗杂的工作，这成为组织变革的障碍。人们忙碌于眼下的工作，有多少时间用来改变社区，又有多少时间用来享受生活呢？

商业模式也有好坏之分。从恶名远扬的传销，到毒奶粉，许多组织，携卷了成千上万人的力量，采取恶劣的商业模式，这样的组织及其活动，所产生的负面作用，大得超乎想象。

有时候，生活中的遭遇，也会抑制人的自我认知。

一些被不良组织伤害过的人不再相信自己是自由的、有选择的，可以做许多有趣的、有意义的事情。他们变得谨慎、圆滑、精明。

许多人愿意谈旅游，谈美食，谈“八卦”，谈车子、房子和工作，但不愿意去谈自己想做的事情、自己真正热爱的事情。因为他们被指挥太久了，在父母、老师、管理者的要求下，变得自己都不知道自己能做什么、想做什么、该做什么。如同被关在培养皿里的跳蚤，即便把盖子取走，也跳不高了。只能随波逐流，追求别人都追求的目标，谈论别人都关注的话题。

这些人的力量被长期、系统化地抑制了，只能在固化的模式下活力四射，当处于模式外的空间时，却感到虚弱、无力、胆怯。

少数比较开放、有活力的组织，提供了一些机会来让成员探讨人生或工作的意义、价值，但这远远不够。多数组织成员既不愿意争取话语权，也不被鼓励去公开、自由地谈论自己的想法。

只有让组织成员主动、勇敢地谈论个人的使命，谈论个人使命如何与组织目标契合，谈论个人如何参与到组织管理中，组织变革才不再是特殊情形和例外，才会自然地发生。

点赞

分散权力、自主管理下的完整生活

当权力集中在少数人手里时，在自上而下地层层控制之下，很难实验身心自由。即便是管理者，也担心自己被贴上“思想不稳定”“激进分子”的标签，被“打入冷宫”。在这种情形下不安是普遍的工作氛围，顺从是基本的职业操守。

当权力被分散到成员手里时，大家能自主地管理组织和业务，组织才会拥有轻松、融洽的工作氛围。成员可以真实地展示自己和自己的想法，无须去刻意地压抑和调整。当然，自我管理的组织也一样需要必要的规则来维持有效运转，避免混乱，化解冲突。这种组织形式多样，规模大小不一，但在工作氛围上，成员都不感到恐惧，都不必伪装，能以主人翁的态度来对待工作和组织，敢于去表达自我、提出倡议，敢于去争取话语权或决定权。

自在的心灵

好的生活，需要有平和、轻松、自在、满足的心灵状态。这种心灵状态，对外部条件的要求很低，更多的是由内部条件所决定的。

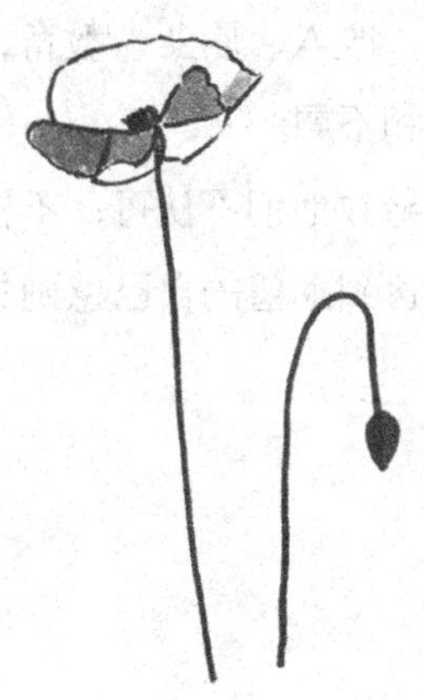

质疑

追求所谓的自我

追求所谓的自我，似乎成了流行的口号，但是很多时候，这种“追求自我”和心灵成长是不相关的。

什么是自我？它从哪里来？

其实未必有所谓的自我，它可能只是无中生有。

我们的大脑被灌输了许多观点，产生了许多想法，实际上这多数都是环境的塑造，而我们很容易把这当作自我。

追求成功和被认可

小人物经过多年奋斗，从底层摸爬滚打，最后成为万众瞩目的成功人士。

这就是我们心中的励志故事、我们心中的榜样。我们羡慕他们，希望能和他们一样。

这种成功故事往往引导我们崇拜权力、地位、财富。

我们应该如何看待他人，如何看待自己？

我们努力地工作，希望自己出色，获得更高的收入和地位，希望他人羡慕、尊敬我们。我们希望被他人认可，想要用成功来证明自己。

而有些人不懂得认可和接受他人，也不懂得欣赏他人。他们喜欢先评判他人是否是成功人士，再考虑是亲近还是疏远，是迎合还是奚落。他们按照自己心中的标准把人分类：出身、相貌、收入、职业、教育，等等，他们对一部分人崇敬有加，对另外一部分人则轻视和不屑。

这样做最大的问题是，会导致他们不认可、不接受自己。因为这些人习惯了只接纳符合期望的自己，对未达到期望的自己感到失望和厌恶，不爱自己，也不爱他人。

点赞

活在当下

满足、愉悦的心情，如果当下体会不到，那么未来也不会体会到。

在一开始设定了令自己满意的目标，但是当达到目标时就会产生新的想法，又开始新一轮的纠结和焦虑。

如果一直为自己的满足设定条件，就会永远在设定条件，永远在等待未来，永远也不会真的满足。要知道，如果一直等待未来，未来也许永远都不会到来。

唯一可行的，就是现在、此刻，就去体会满足的心灵状态。尝试着对当下的一切都认可、接受、不抗拒，这样就能使心态平和。

当遇到糟糕的天气时，不去抱怨，心态平和地去欣赏它，你就会发现，那漫天的乌云，也是如此美丽、壮观。

不需要去高级餐厅，也不需要满桌酒肉，只是一碗颗粒饱满、冒着热气的米饭，也能美美地吃上一顿。

只要有好的心境，就不需要苛求外部条件，当下也能感受到美好。

好的心境能够让我们接纳自己、接纳他人，不评判、不比较，不计较胖瘦、美丑、贫富。

好的心境也能够让我们遇事不逃避、不抱怨、不推卸责任。如果想离开，就离开；如果做不到，就坦然处之。能做什么就动手去做，自己不能左右的，就只能随它去了。有这样的心态，还有什么不能坦然面对呢？

轻松、自在的心灵状态，不在未来，只在当下。

综合测评

- ✓ 哪些内容是你强烈认同的？
- ✓ 哪些内容你不认同或无感？
- ✓ 你想做的调整是什么？

结语

成长——变革之旅

个人

流程改进和问题解决，可以给人一个锻炼的平台，让人去学习、实践、体验和成长。

学习观察、分析、思考、和他人合作；学习如何务实地做好小事、促成小的改变，而不是空谈；学习如何独立自主地深入探究，而不是人云亦云，拾人牙慧。

只要好好生活，善待自己和他人，保持敏感、平和，就可以自然地、持续地学习，不断地进行尝试和改变。

保持学习和尝试，自然就会轻松灵活，促发改变。

做好小事。做蛋糕和造飞机一样，都需要认真钻研，只是具体操作不同而已，其中的精神是相通的。

当然，做好小事，也不意味着要满足于池塘中的生活，要在热爱的引导下，踏入生命的河流，体会更多美好。

通过审视自己，可以看到自己固化的行为习惯、思考方式，积极学习和尝试，就会促发改变。

而改变不需要目的，也不需要指标。改变就是生活的常态、就是成长。

这种星星点点的大小改变，会改变我们和身边人的联系、改变我们所在的组织、改变我们与身边环境及社区的关系、改变和重造我们的生活。

组织

与其他组织成员在一起，集体学习，去自我觉察并调整行为习惯，去创造充满活力和适应能力强的组织，面对不确定的未来，不断地实施改进，进一步强化组织的文化。

仅仅以“高效”“适应能力强”作为目标，似乎还不足够有吸引力和让人信服。

突破现有模式的人，会造就新型的、更加让人信服的组织，它会展示更美好的可能性，消除缺乏安全感的工作氛围和层层控制的管理制度，建立紧密和融洽的工作关系，设定让人信服的组织宗旨。在这样的组织中，组织成员能够获得更公平的收入，可以实施集体参与的自主管理。成员和组织在各自的使命上合拍、共振。

人和组织都关注社区的发展，积极地参与到社区的活动中，去做自己认可的事情。

社区

相互割裂、缺乏连接的居民，简单的买卖关系，几乎就是一些社区关系的全部。在这样的社区，除了新店开张，居民不在意任何社区的发展，也感觉对此没有什么话语权。

好的生活，需要有美好的社区。建设社区和享受社区生活本身就是生活的一部分。

一个好的社区需要更紧密的邻里关系，更多的互动和互助，更有活力的商业和非商业的活动。人和组织，都应关注和参与社区的活动，把建立美好的家园当作自己的责任和义务。让养老、医疗保健、儿童教育和成人教育、帮扶弱者、垃圾处理、社区美化、娱乐休闲和居民交流等活动，在社区中蓬勃开展。使社区变得更宜居，更有活力。

欢迎联系我，分享你问题解决和流程改进的故事、经验，以及你所知道的有趣的、活力四射的组织和社区案例。

李震宇

Li_zhenyu@hotmail.com

参考文献

[1] 迈克・鲁斯. 丰田套路：转变我们对领导力与管理的认可[M]. 刘健，张冬译. 北京：机械工业出版社，2017.

[2] 德沃德・K. 索贝克Ⅱ，阿特・莫斯利. A3思维：丰田PDCA管理系统的关键要素[M]. 扈喜林译. 北京：人民邮电出版社，2011.

[3] 弗雷德里克・莱卢. 重塑组织：进化型组织的创建之道[M]. 进化组织研习社译. 北京：东方出版社，2017.

[4] 埃克哈特・托利. 当下的力量[M]. 曹植译. 北京：中信出版社，2013.

[5] 彼得・圣吉. 第五项修炼：学习型组织的艺术和实践[M]. 张成林译. 北京：中信出版社，2009.

[6] 瑞・达利欧. 原则[M]. 刘波译. 北京：中信出版社，2018.

[7] W.爱德华・戴明. 转危为安[M]. 钟汉清译. 北京：机械工业出版社，2016.

[8] 约翰・惠特默. 高绩效教练[M]. 林菲，徐中译. 北京：机械工业出版社，2016.

[9] ROTHER M The Togota Practice Guide: Developing Scientific Thinking Skills for Superior Results-in 20 Minutes a Day[M]. New York: McGrow Hill, 2018.

[illegible] 2016.

[2] [illegible] 2011.

[3] [illegible] [M]. [illegible] 2017.

[4] [illegible] [M]. [illegible] 2013.

[5] [illegible] [M]. [illegible] 2009.

[6] [illegible] [M]. [illegible] 2018.

[7] W. [illegible] [M]. [illegible] 2016.

[8] [illegible] [M]. [illegible] 2018.

[9] ROTHER M. The Toyota Practice Guide: Developing Scientific Thinking Skills for Superior Results in 20 Minutes a Day[M]. New York: McGraw Hill, 2018.